Martin Wein

Nächster Halt, Wilhelmshaven!

Geschichten aus Wilhelmshaven

Wartberg Verlag

Impressum

Bildnachweis:

WZ-Bilddienst: S. 11, 53, 62, 71, 75
Klaus Otto: S. 18
Wilhelmshaven Tourist und Freizeit GmbH: S. 26, 31,
32, 34, 47, 58
Ullstein-Rauhe: S. 7
Ullstein: S. 15
Ullstein-imagebroker.net: S. 20-21
Ullstein-Teutopress: S. 40
Ullstein Simon: S. 42
Picture-alliance/Ingo Wagner: S. 28
Picture-alliance/Helga Lade Fotoagentur GmbH,
© R. Grossmann/Helga Lade: S. 38
Picture-alliance/dpa: S. 48

Martin Wein: Titelbild, S. 37, 45, 66, 19

1. Auflage 2011
Layout: Attila Jo Ebersbach, Kassel
Druck: Hoehl-Druck Medien + Service GmbH,
Bad Hersfeld
Buchbinderische Verarbeitung:
Buchbinderei Büge, Celle
© Wartberg Verlag GmbH & Co. KG
34281 Gudensberg-Gleichen, Im Wiesental 1
Telefon (0 56 03) 9 30 50
www.wartberg-verlag.de
ISBN: 978-3-8313-2139-1

Inhalt

Nächster Halt: Wilhelmshaven

„Nächster Halt: Wilhelmshaven. Dieser Zug endet dort!" Die elektronische Ansage-Frau in der Nordwest-Bahn verfolgt mich seit über zehn Jahren. Während wir im Schneckentempo auf den Bahnübergang in der Werftstraße zurumpeln, teilt sie mir jedes Mal völlig gleichgültig mit, dass wir am Ende der Welt leben. Vielen Dank auch. Dieses Unbehagen teile ich mit vielen. Immer wieder höre ich, wie Kinder den monotonen Sermon mitsprechen; ja selbst Erwachsene habe ich schon murmeln hören: „Bitte alle aussteigen." Dann kommt mein Lieblingssatz: „Abfahrt der Busse am Ende der Nordseepassage". Damit entlässt uns die Frau vom Band und gibt zumindest implizit zu, dass es in Wilhelmshaven sehr wohl weitergeht. Ja, Wilhelmshaven ist schon etwas eigen. An drei Seiten vom Meer umspült, bildet die Stadt seit jeher einen Mikrokosmos, in dem sich jeder Neue erst mal zurechtfinden muss. Dafür bietet sie reichlich Stoff für Geschichten, Einige davon habe ich 2008 unter dem Titel „Um drei an der K-W-Brücke" erzählt. Viele wünschten sich eine Fortsetzung. Hier ist sie nun, mit Texten von tapferen Kapitänen und liebestollen Leuchtturmwärtern, von Lehrlingen im Pflaumenbaum, Tee-Schiebern und von Freddy Quinn, von wilden Tänzen auf Ringelsöckchen und Hostessen im Zwielicht. Manches davon ist lange bekannt, anderes klingt wie Seemannsgarn. Doch wer Wilhelmshaven kennt, der weiß: Hier am Rande der Wetterkarte ist vieles möglich. Schließlich ist die Stadt der größte Lichtblick nördlich von Ellenserdamm. Deshalb könnte die Ansage-Frau in der Nordwest-Bahn ruhig etwas mehr Begeisterung zeigen. Vielleicht sollte die Stadt sie mal auf ein Wochenende einladen – oder ihr zumindest dieses Buch schenken.

Dr. Martin Wein

Gefangen im Eis

Winter 1928: Im Nordhafen würde es ruhig werden, da war sich Bootsmaat Voigt sicher. „Dienst nach Vorschrift", mehr würde die Mannschaft auf dem Marineschlepper *Schlesien* nicht zu tun haben. Bei solch starkem Eisgang, wie er in dieser Nacht draußen auf der dunklen Jade herrschte, verließ niemand freiwillig mit seinem Schiff den sicheren Hafen. Schlepperhilfe würde also kaum benötigt. So saß die kleine Mannschaft der *Schlesien* gemütlich unter Deck und spielte Skat. Doch kurz vor dem Befehl „Klar bei Hängematten" stürmte der Unteroffizier aufgeregt ins Mannschaftsquartier. Er brauche zwei Freiwillige: „Da sind so'n paar Lausbuben abgetrieben – draußen auf der Jade", sagte er.

Abgetrieben auf dem Eis bei frostiger Kälte – den Männern war klar: Das konnte für die Unglücklichen dort draußen leicht den Tod bedeuten. Entweder würden sie erfrieren oder im Eis einbrechen und ertrinken. Oder sie trieben mit dem Ebbstrom raus auf die offene Nordsee und würden nie mehr gesehen.

Voigt und sein Kamerad Mehlhorn waren nicht zu halten. In Windeseile schlüpften sie in ihre Jumper und Gefechtsgänger, zogen die schweren Seestiefel über und die Mütze tief ins Gesicht. Und ab ging's im Dauerlauf. Vom Nordhafen eilten sie durch die finstere Nacht in Richtung der Schleuse. Abgekämpft sahen sie endlich ihr Ziel im Licht der hellen Bogenlampen. Mit zitternden Knien kletterten sie über eine schmale Leiter an Deck des zivilen Schleppers *Ahne*, der übrigens nach zwei alten Flüsschen in Butjadingen benannt worden war.

Nur die *Ahne* war für einen solchen Notfall das richtige Schiff. Ihr Kapitän Johann Wiemken war in Wilhelmshaven über Jahrzehnte bekannt wie ein bunter Hund. Viele Seeleute und Freizeitskipper hatte der gestandene

Kapitän mit seinem alten Schlepper an den Haken genommen oder ihnen anderweitig aus der Klemme geholfen und sie vor Schlimmerem bewahrt. Das verzweigte Jade-Fahrwasser und die sich ständig verschiebenden Priele im Jadebusen kannte er wie kaum ein Zweiter.

Ganz langsam öffneten sich nach einiger Zeit die Schleusentore. „Im gleichen Augenblick lief ein kaum spürbares Zittern durch das Schiff; die Schiffsschraube fing an zu mahlen und trieb das harte Wasser quirlend und schäumend achteraus, während der messerscharfe Bug riesige Eisschollen zerschnitt und beiseiteschob", erinnert Voigt fröstelnd jene Minuten. Die Männer an Bord waren sämtlich in Hochspannung. Jede Minute zählte, denn je weiter die Vermissten aufs offene Meer hinaustrieben, desto schlechter waren sie mitten in der Nacht in dem fragilen Labyrinth aus aufgetürmtem Eis zu finden.

Meter für Meter ging es vorwärts. Laufend lotete ein Matrose die Tiefe aus. Bei den widrigen Verhältnissen war an Navigieren nach Seekarten natürlich nicht zu denken. Weit über die Reling gebeugt horchten die Männer unter ihren dicken Mützen in die Nacht hinaus. Zur besseren Orientierung schossen sie Leuchtsterne in den Himmel. Taghell und blendend erstrahlte dann jedes Mal die weiße Masse um sie herum. Plötzlich – hart Steuerbord voraus ein kaum hörbarer Angstschrei: „Hilfe!" Mit einem Ruck zog der Steuermann den Maschinentelegraf auf „Äußerste Kraft voraus!" Ein Beben lief durch den Rumpf. Eisschollen polterten über-, unter- und durcheinander. Näher und näher mühte sich die *Ahne* in jene Richtung, aus der die Besatzung die Rufe gehört hatte.

Doch, was war das? Der Kahn machte auf einmal keine Fahrt mehr. Der Motor heulte auf und es ging weder voraus noch zurück. Das Schiff war im Eifer des Gefechts auf den butterweichen Schlick einer Untiefe gelaufen. Mit ihrem 400-PS-Motor war die *Ahne* ein zuverlässiges, wendiges Schiff. Doch gegen den feinen Schlick der Jade war auch sie nicht gefeit. Jetzt saß der Schlepper selbst in der Falle.

Immer wieder sitzen Schiffe auf der Nordsee im Eis fest, wie 1997 die Fährschiffe Spiekeroog I und Spiekeroog II.

Die ganze Aktion schien zum Scheitern verurteilt, doch damit wollten Voigt und Mehlhorn sich nicht abfinden. Kurz entschlossen schwangen sie sich über die Reling. Nur eine lange Leiter nahmen sie mit und eine Wurfleine. Vorsichtig tasteten sie sich auf den schwankenden Schollen ins Dunkel hinein. Plötzlich tauchte ein dunkles Etwas vor ihnen auf: Drei Jungen waren es. Hilflos und eng aneinandergeschmiegt standen sie auf einer kleinen Eisinsel. Sie wagten nicht, sich zu bewegen. Zwischen den Rettern und den Kindern lag ein Spalt offenen Wassers – wohl drei, vier Meter breit, tiefschwarz und fies glucksend.

Zeit für die Leiter! Zentimeter für Zentimeter schoben Voigt und Mehlhorn sie über die Eiskante hinüber. Ein Glück, sie war lang genug und reichte bis auf die Eisinsel der Verschollenen. Die aber waren längst zu erschöpft und verängstigt, um sich auch nur einen Zentimeter darauf zu bewegen. Da half nichts.

Der Gefreite Mehlhorn band sich das eine Ende der Wurfleine um den Bauch und balancierte auf allen vieren Sprosse für Sprosse vorsichtig über die Behelfsbrücke. Er nahm einen Jungen, der sich auf seinem Rücken festklammerte, und kehrte nur Minuten später zurück. Dreimal ging das so – dann waren die Jungen aus ihrer unglücklichen Lage befreit. Zur Sicherheit wurden alle ans Seil gebunden. Im Gänsemarsch trippelte das Grüppchen Schritt für Schritt zurück zum sicheren Schiff. Dort warteten Kapitän Wiemken und der Smutje mit heißem Tee und warmen Decken auf die Eisgänger. Vorwürfe gab es keine, denn alle waren viel zu froh über die geglückte Rettung.

Für Voigt und Mehlhorn aber war das Abenteuer noch nicht beendet. Sobald sie an Deck waren, erzählten die Jungen, dass drei weitere Gefährten dort draußen auf dem Eis waren. Die Anspannung begann von Neuem.

Wo konnten die Vermissten stecken? Waren sie noch bei Sinnen? Hatte die Nordsee sie schon verschluckt? Hatten sie sich auf eine Eisinsel retten können wie die anderen Jungs? Es wurde höchste Zeit, sie zu finden. Wieder wurden Sterne geschossen. Voigt und Mehlhorn brüllten sich die Lunge aus dem Leib. Welch ein Debakel! Eben noch hatten sie gedacht, die Geschichte habe ein glückliches Ende und jetzt das.

Dann, etwa 200 Meter Backbord voraus, hörten sie etwas. Ganz leise nur, aber eindeutig: „Wir können uns nicht mehr halten." Die Angst sprach aus dieser hellen Stimme. Das waren die drei! Nun galt es, keine Zeit zu verlieren. Fieberhaft die Leiter vor sich herschiebend, arbeiteten die zwei Männer sich näher und näher. Noch 50, 40, 30, … 10 Meter. Endlich hatten sie die Kinder vor sich und befreiten sie aus ihrem eisigen Gefängnis. Keine Minute zu früh. Eben war der Letzte geborgen, da brach auch schon die kleine Eisinsel, auf der sie ausgeharrt hatten, in viele Teile und sank vor ihren Augen in die bedrohliche Tiefe.

An eine Rückfahrt in den Hafen war erst zu denken, wenn das festgefahrene Schiff bei auflaufender Flut freikommen würde. Müde und abgekämpft legten die Geretteten und ihre Retter sich in der kleinen Kajüte auf den Boden und schliefen trotz der Anspannung gleich ein. Kapitän Wiemken funkte nach Wilhelmshaven: „Ankomme um neun Uhr". Die ganze Stadt fieberte dem Morgen entgegen. Dann graute der neue Tag und mit ihm kam die Flut. Um Punkt neun lag die *Ahne* in der Schleuse und die überglücklichen Eltern konnten ihre Jungs wieder in die Arme schließen. Noch Generationen von Wilhelmshavener Halbstarken hat die dramatische Episode zur Warnung gedient, sich nicht zu weit hinaus aufs Eis zu wagen. Denn mit der See ist nicht zu spaßen.

Gelbe Rosen für Papa Heuss

Es war ein Sommersonntag, der 29. Juni 1952, als die Wilhelmshavener dem Besuch des ersten Staatsoberhaupts der jungen Bundesrepublik, Bundespräsident Theodor Heuss, entgegenfieberten. Nach den schweren Nachkriegsjahren hofften die Menschen auf eine gute Botschaft des hohen Gastes, auf einen Hoffnungsschimmer für die schwer gebeutelte Stadt.

Ein Tag, der vielen bis heute in Erinnerung geblieben ist. „Ich war damals fünf", erinnert sich Ursula Aljets, selbst einmal Bürgermeisterin der Stadt, an ihre erste Begegnung mit der Staatsmacht. Ihre schmutzige Spielhose habe sie damals getragen und sei damit an die Straßenecke gerannt, um den Papa Heuss zu sehen. Mutter Eva tolerierte das nicht. Schwuppdiwupp war das Kind eingefangen und wurde nach Hause expediert. Erst mal war die Badewanne angesagt, dann der Bundespräsident. Und in Spielhose durfte Klein-Ursel schon gar nicht aus dem Haus, sondern nur im weißen Sonntagskleidchen. „Damals habe ich den Respekt vor dem höchsten Staatsamt gelernt – und dass man in der Politik eigentlich eine weiße Weste braucht", schmunzelt die streitbare Sozialdemokratin mehr als fünf Jahrzehnte später.

Der hohe Besuch näherte sich der grünen Stadt am Meer von ihrer Sonnenseite, vom Wasser aus. In Cuxhaven hatte Heuss am Morgen ein wenig überzeugendes Wassergefährt bestiegen und sich auf den Weg nach Westen gemacht. Während die ganze Stadt im Sonntagsstaat bei warmen 27 Grad Celsius in der Sonne stand und wartete, war vom hohen Gast und seiner Begleitung nichts zu sehen. Irgendwann konnte und wollte Kapitän Heyken von der städtischen Schifffahrtsgesellschaft Jade nicht mehr länger warten. Er warf die Maschinen des Ausflugsdampfers *Arngast* an und fuhr den Gästen entgegen. Zwischen dem Leuchtturm „Roter Sand" vor der Wesermündung und dem Feuerschiff *Elbe 1* passte die schnelle, schneeweiße

Mit der weißen Seglermütze in der Hand fährt Bundespräsident Theodor Heuss auf dem Ausflugsdampfer Arngast in Wilhelmshaven ein.

Arngast das Staatsoberhaupt ab. Ob der Herr Professor Heuss nicht an Bord kommen wolle, ließ Heyken über Funk nachfragen. Mit dem Schiff aus Wilhelmshaven sei man doch bedeutend schneller. Heuss willigte ein und wechselte auf offener See sein Transportmittel.

Als das Schiff um 13.45 Uhr an der 1. Einfahrt in Wilhelmshaven festmachte, stand Theodor Heuss auf der Brücke der *Arngast*. Das schlohweiße Haar leuchtete in der Sonne. Der elegante graue Sommeranzug wirkte weltmännisch und doch verbindlich. Freundlich zog Heuss die weiße Seglermütze, die er aus Kiel mitgebracht hatte, zum Gruß der Massen.

Vielen erschien der oberste Mann im neuen, demokratischen Staat als Lichtgestalt. Heuss stand damals für den Neubeginn nach dem Schrecken des Krieges, auch wenn der Liberale 1933 aus Fraktionsdisziplin dem Ermächtigungsgesetz zugestimmt hatte. Eine Frage, die nach dem Krieg für viel Wirbel und einen Untersuchungsausschuss im württembergisch-badischen Landtag sorgte. Auch in Wilhelmshaven nahm Heuss in akademischer Runde dazu Stellung: Man möge die Weimarer Politik mit Nachsicht betrachten, wünschte er sich. Die Bevölkerung in Wilhelmshaven interessierte die Debatte weniger. Heuss' Besuch sagte den Menschen im Notstandsgebiet Wilhelmshaven etwas ganz anderes: Ihr seid nicht vergessen!

Um dies zu unterstreichen, hatte Heuss viel Politprominenz mitgebracht. Bundestagspräsident Hermann Ehlers war dabei. Aus der Landesregierung waren Niedersachsens Ministerpräsident Hinrich Kopf, damals zugleich Präsident des Bundesrats, Landtagspräsident Karl Olfers und Kultusminister Richard Voigt mit an Bord. Sie alle kamen in eine Stadt, die im und nach dem Krieg arg gelitten hatte: Nach den Zerstörungen des Bombenkrieges folgten die Reparationsforderungen der Besatzungsmächte. Vor allem die Russen hatten sich für die Maschinen und Ausstattung der ehemaligen Marinewerft interessiert. Am 5. Januar 1946 war ihnen der Betrieb, der zu vier Fünfteln unbeschädigt war und bis zu 30 000 Menschen Arbeit und Brot gegeben hatte, übergeben worden. Mehr als 800 Millionen D-Mark an Werten seien in Wilhelmshaven verloren gegangen, rechnete Oberstadtdirektor Dr. Friedrich Paffrath anlässlich des Heuss-Besuches erstmals öffentlich vor. Die Demontage der Werft habe Kosten von 17 412 000 D-Mark verursacht. Trotzdem seien nur knapp zehn Millionen D-Mark als Reparationsleistungen anerkannt worden. Die alten Hafeneinfahrten waren zerstört worden. Der Westhafen – heute der Banter See – war durch einen Damm geschlossen worden. Die Stadt war ausgeblutet. Fast jeder zweite lebte von Rente oder öffentlicher Unterstützung. Kurz nach Kriegsende hatten zudem Gerüchte die Runde gemacht, die Briten wollten die Deiche sprengen und damit die ganze Stadt in der Nordsee versenken.

Gleichwohl herrschte im Sommer 1952 Aufbruchstimmung. Theodor Heuss kam ganz gezielt zum fünfjährigen Bestehen des Universitätsvereins, der 1947 als Nordwestdeutsche Universitätsgesellschaft gegründet worden war. Wilhelmshaven sollte Hochschul-Standort werden, hatte der Landtag in Hannover beschlossen. Damit wollte man dem militärischen Charakter der Stadt etwas entgegensetzen. In Rüstersiel wuchs ein Hochschuldorf empor, in dem zwei Jahre später die Hochschule für Arbeit, Politik und Wirtschaft ihre Heimat fand. Vor allem Kinder aus Arbeiterfamilien, die bereits im Beruf standen, sollten hier ein wissenschaftliches Studium absolvieren können – ganz ohne Reifeprüfung. Die bekanntesten Studenten der Hochschule wurden der spätere Arbeitsminister Dr. Herbert Ehrenberg und Karl Otto Pöhl, der es bis zum Bundesbankpräsidenten brachte. Die großen Pläne ließen sich schließlich trotzdem nicht realisieren. 1962 wurde die inzwischen in Hochschule für Sozialwissenschaften umbenannte Institution in die Universität Göttingen integriert, der Standort Wilhelmshaven aufgegeben.

Doch zurück ins Jahr 1952 und zum Besuch von Theodor Heuss. Nach der Ankunft des hohen Gastes sollten sich alle zunächst einmal stärken. Im Blauen Zimmer der Strandhalle war der Tisch für eine kleine Runde gedeckt. Der Gastgeber, Oberbürgermeister Reinhard Nieter, entschädigte die hungrigen Herren mit Ochsenschwanzsuppe, Nordsee-Steinbutt und Kalbsmedaillons für die lange Wartezeit. Zum Schluss ließen sie sich frische Erdbeeren mit Sahne schmecken. Draußen war in der Zwischenzeit ein Mann damit beschäftigt, mit Watte die letzten Stäubchen von einem 300er-Mercedes-Cabriolet zu vertreiben. Das Land Nordrhein-Westfalen hatte den Wagen für den besonderen Anlass ausgeliehen. Damit fuhren Heuss, jetzt mit Filzhut, und Nieter anschließend ins Hochschuldorf. Vier Polizisten auf schweren Motorrädern kündigten den Besuch an. An der Gökerstraße standen Hunderte Schaulustige und winkten.

In der Hochschule hielt Hermann Ehlers eine kluge Rede. Theodor Heuss machte sich Notizen. Er fühle sich „wie ein altes Kavalleriepferd", spöttelte er im Anschluss ins Auditorium. Das Ross fange auch an zu scharren, wenn es die vertrauten Signale höre. Er selbst war Professor für Politik in Berlin und Stuttgart gewesen und die Wissenschaft lag ihm am Herzen. Und „die Wissenschaft lebt aus dem Geist der Freiheit". Wer würde ihm widersprechen!

Wichtiger für Wilhelmshaven war der folgende schlichte Empfang im Rathaus. Von den zahlreichen Persönlichkeiten und Staatsmännern, die die Stadt in den vergan-

Der Weg hinter dem Banter Seedeich wurde nach dem weltberühmten deutschen Zoologen Anton Dohrn (1840–1909) benannt.

genen Jahren besucht hatten, habe keiner Wert darauf gelegt, sich vom Oberbürgermeister dort empfangen zu lassen, betonte Reinhart Nieter in seiner Rede. Den Neubeginn betrachte man als Chance: Für alle großen Pläne sei in Wilhelmshaven „sehr viel Platz". Ein Silberbecher der Stadt und ein Strauß gelber Rosen der kleinen Tochter von Stadtrat Heider sollten den Bundespräsidenten an das Sorgenkind im Norden erinnern.

Nach dem offiziellen Teil fuhr der Gast in den frühen Abendstunden auf eigenen Wunsch durch die Südstadt, zog vielleicht seinen Hut vor der herausgeputzten kleinen Ursel Aljets und steuerte den Anton-Dohrn-Weg hinter dem Deich an.

Mit dem Namen Felix Anton Dohrn können heute wohl die wenigsten Wilhelmshavener, die mit dem Fahrrad oder Auto hinter dem Banter Seedeich auf dem gleichnamigen Weg in Richtung Mariensiel fahren, etwas anfangen. Ganz anders Theodor Heuss, der 1940 eine Biografie über den berühmten Zoologen geschrieben hatte. 1870 gründete Forschungspionier Dohrn in Neapel eine der ersten meereswissenschaftlichen Forschungsstationen und untersuchte die stammesgeschichtliche Entwicklung der Tiere durch Vergleiche von Gliederfüßern. Die Erkenntnis „Alle Wirbeltiere stammen vom Ringelwurm ab" verdanken wir ihm. Mit diesem Wissen im Hinterkopf war der Besuch im Max-Planck-Institut für Meeresforschung am Anton-Dohrn-Weg für Heuss wie ein Heimspiel. Eine Stunde lang ließ er sich dort auf eigenen Wunsch und persönlich über die Arbeit des Max-Planck-Instituts informieren. Vor der langen Heimfahrt gab es frische Krabben, danach Hühnchen mit Bratkartoffeln und Käse zum Dessert, wieder im Blauen Zimmer der Strandhalle.

Am Bahnhof wartete anschließend ein Sonderwagen der Bundesbahn auf Heuss. Mit gut gefeuertem Kessel stand eine Dampflokomotive bereit, um den Besucher zurück an den Rhein nach Bonn zu bringen. Bei diesem Anblick musste Theodor Heuss schmunzeln: „Romantik ist nichts Schlechtes", tröstete er die umstehenden Wilhelmshavener. Hätte er gewusst, dass noch im Jahr 2011 nur Dieselloks von Oldenburg und Esens nach Wilhelmshaven fahren, hätte sich „Papa Heuss" sicher trotzdem mehr als gewundert.

Lehrlinge im Pflaumenbaum

Mit 16 Jahren wurde Klaus Otto am 1. April 1952 der erste Auszubildende der Bundesausführungsbehörde für das Unfallversicherungswesen (BAfU) in Wilhelmshaven, ohne genau zu wissen, was ihn dort erwartete. „Die Lehrstelle bei der BAfU war schließlich ein Sechser im Lotto", sagt der Pensionär heute und grinst verschmitzt wie ein Schuljunge. 24 junge Leute hatten sich beworben, zwei bekamen eine Zusage. Gleich am ersten Tag ging es zur Eignungsuntersuchung beim Gesundheitsamt: „Es winkte eine Beamtenstelle auf Lebenszeit – bei dem Mangel an Lehrstellen damals ein Glückstreffer."

Lehrjahre sind keine Herrenjahre: Drei Jahre lang musste Klaus Otto mit seinem Kollegen blaue und gelbe Auszahlungsbögen ausfüllen, die Post abholen, Briefe eintüten – und den Stenotypistinnen morgens und abends die schweren Adler-Schreibmaschinen aus den Stahlschränken wuchten und wieder hinein. „Damals gab es für eine Abteilung nur eine Brunswiga-Rechenmaschine. Die hatte vorne verschiedene Hebel und eine Kurbel an der Seite", erinnert sich Otto. In der Berufsschule lernte er zusammen mit Anwalts- und Notargehilfen und erlebte in der Anfangszeit mehrfach, wie seine Chefs mangels Bargeld für die Gehälter bei der benachbarten Zollkasse vorsprachen. „Wir haben aber dann immer unsere Lohntüte bekommen."

Vieles wurde in den Anfangsjahren improvisiert. So musste der Stift – wie der Azubi damals hieß – auch unkonventionell anpacken. Auf dem Behördengrundstück in der Gökerstraße 14 pflückte er – von Hause aus gut unfallversichert – Äpfel, Birnen und Pflaumen von den behördeneigenen Bäumen und verteilte sie in große Drahtkörbe mit Namensschildern: „Wer uns im Jahr

Stolz wie Oskar: Klaus Otto als erster Azubi der BAfU im Jahr 1952.

zuvor gepiesackt hatte, der bekam natürlich das Fallobst." Der Gedanke daran erfreut Klaus Otto bis heute. Um sich diese kleine Genugtuung erlauben zu können, war er auch zu eher ungewöhnlichen Sonderaufgaben bereit. So brachte er seinem Dezernenten mit dem alten Dienstrad von der Kriegsmarinewerft regelmäßig Spaten und Gummistiefel in dessen Garten, damit der Chef gleich nach Feierabend mit dem Umgraben beginnen konnte.

1955 kam Egon Wilhelms im zweiten Durchgang als Lehrling zur BAfU. „Der Altersschnitt der Behörde war sehr hoch. So konnten wir jungen Leute extrem schnell aufsteigen", erinnert er sich. Nach einem Lehrgang in Bremen kamen beide in den gehobenen, Wilhelms später sogar in den höheren Dienst. 1964 brachte das Unfallversicherungsneuregelungsgesetz viele Änderungen, in den 80er-Jahren wurden die Fälle endlich mit Computern erfasst – wieder eine Zeitenwende. Wilhelms schied schließlich 1995 als Oberregierungsrat aus. Zum Schluss hatte er das Dezernat 3 geleitet, in dem er für die gesamte Unfallversicherung zuständig gewesen war. Klaus Otto wurde Sachgebietsleiter der Regressabteilung und ging nach 48 (!) Dienstjahren in den wohlverdienten Ruhestand.

Zu Kopf gestiegen ist den Herren ihr beruflicher Aufstieg nicht. Der Schalk sitzt ihnen noch immer im Nacken: „Kurz nach meiner Beförderung zog ich Rosenmontag 1983 mit meinem Akkordeon mit einer scheinbar endlosen Polonaise durch alle Büros", erinnert sich Wilhelms. Besonders stolz ist er auf seinen Lehrlings-Chor aus den 60er-Jahren. Mit umgedichteten Volksliedern nahmen er und Kollegen den Arbeitsalltag liebevoll satirisch aufs Korn. Sie brachten sogar das Alkoholverbot auf Dienstfeiern zu Fall: „Wir drohten singend, dann äßen wir eben alle einfach mehr Brandweinbohnen."

Klaus Otto und Egon Wilhelms beim Blättern in den historischen Unterlagen.

Alles für 'ne Tasse Tee

Für 'ne Tasse Tee lässt der Friese fast alles stehen und liegen. Am besten sind gleich zwei oder drei Tassen für die Gemütlichkeit, natürlich mit Kluntje und Sahne. Kein Wunder, dass in der dünn besiedelten Region Weser-Ems nur rund zwei Prozent der Bundesbürger jedes vierte Kilo importierten Schwarztee trinken. 42 000 Kilogramm wurden 1954 allein in Wilhelmshaven konsumiert. Nur die große Anzahl Zugezogener sorgte dafür, dass der Kaffeekonsum mit 200 000 Kilogramm knapp um das Fünffache höher lag.

Im Vergleich zu heute schlugen Lebensmittel in den 50er-Jahren im Haushaltsbudget wesentlich stärker zu Buche als beispielsweise Miete oder Kleidung. Ein Durchschnittshaushalt in der Bundesrepublik gab für alle Lebensmittel zusammen etwa 130 DM aus, fast 40 Prozent seiner Gesamtausgaben. Für ein Ei musste man 20 Pfennig zahlen, der Liter Milch kostete 41 Pfennig, drei Pfund Brot weniger als eine D-Mark. Bei einem Kilogrammpreis von stolzen 40 DM für importierten Tee verlockten die schwarzen Blätter Anfang der 50er-Jahre zu allerhand Schmuggel und Schwarzhandel. Der horrende Preis kam durch die Luxussteuer zusammen – ein Viertel kassierte nämlich Vater Staat. Dass Tee in Friesland zu den Grundnahrungsmitteln gehörte, hatte denen in Bonn noch niemand gesagt.

So mühten sich etliche Wilhelmshavener um Selbsthilfe. Da die „Aachener Kaffeefront" – das berüchtigte Schmuggeln über die Westgrenze – hierzulande etwas kompliziert war, kam man schon mal mit zwielichtigen Fremden ins Geschäft.

Im Winter 1953 war eine Schlachtersfrau vor dem Amtsgericht Wilhelmshaven angeklagt, weil sie gleich einen Zentner Schwarztee am Fiskus vorbei „besorgt" haben sollte. Auch ihr werter Gatte, der einen Lebensmittel-

Niemals würde ein echter Friese auf seinen Tee verzichten.

großhandel betrieb, sowie ein Mann, der sonst mit Versicherungen handelte, und eine Hausfrau mussten sich in gleicher Sache vor Gericht verantworten. Zu leugnen war die Sache so recht nicht, denn die werte Fleischersfrau hatte – natürlich aus reiner Nächstenliebe – in ihrem Geschäft die halbe Stadt mit „günstigem" Importtee versorgt und bei ihrer Ergreifung überdies die ganze Garage voll davon.

Das möge ja sein, sagte sie treuherzig den Schöffen, doch sei das Kraut von derart schlechter Qualität gewesen, ja stellenweise bereits verschimmelt, dass sie es einfach nicht zum vollen Preis habe verkaufen können. Ja, und im Grunde habe sie den Tee auch gar nicht verkaufen wollen, denn den habe ein Unbekannter ja nur bei ihr untergestellt. Wie der Mann heiße, wisse sie allerdings nicht, aber er komme bestimmt wieder, um ihn abzuholen.

Dass man einen Zentner Tee bei sich unterstellen lässt, ohne den Besitzer zu kennen, glaubten die Schöffen der Frau indessen nicht und fragten den Gatten der erinnerungsschwachen Angeklagten. Dabei hatte das Gericht eine Ahnung, wer in diesen Schmuggel verwickelt sein könnte. Ein gewisser Awner Diamant, 31 Jahre alt und staatenlos, war nach Ansicht der Staatsanwaltschaft ein skrupelloser Großschieber. Nun, den Namen Diamant habe er in jener Nacht schon gehört, glaubte der Großhändler zu wissen. Aber er erinnerte sich auch an ein Telefonat. Da war ihm gesagt worden, er möge sich besser nicht erinnern. Sonst werde man ihn über den Haufen schießen. Als der Meister zu einer Gegenüberstellung genötigt wurde, behauptete dieser, dieser Diamant sei der falsche.

Richtig oder falsch – der Leumund des Diamant war nicht so rein wie sein Name. Ob der schweren Vorwürfe der Justiz angeblich dennoch bass erstaunt, verstrickte sich der vermeintliche Großschieber, gegen den parallel ein eigener Prozess geführt wurde, in allerlei Ausflüchte. Wieso denn Expresspakete an Deckadressen mit Gummiwaren und Porzellan statt mit steuerpflichtigem Tee deklariert worden seien, wurde der Angeklagte gefragt. „Wird ich nehmen eine meiner tausend Lügen, Herr Gericht", sagte der Diamant laut Protokoll eines Gerichtsreporters wörtlich – und hatte anschließend im Gefängnis drei Monate lang Zeit, richtig Deutsch zu lernen. Vielleicht hat ihm die Schlachterin dabei geholfen, denn sie landete sogar vier Monate hinter Gittern und musste zudem 300 DM Geldstrafe und 1100 DM Wertersatz für entgangene Steuern zahlen. Auch die übrigen wurden verurteilt, nur der Ehemann und Großhändler blieb mangels Beweisen ein freier Mann.

Wenige Tage später saßen erneut Teeschmuggler auf der Anklagebank, die, so vermutete die Polizei, zum Umfeld von Johnny P. gehörten, der wiederum dem Gericht nicht ganz unbekannt war. Die Zollfahndung hatte sie in der tom-Brok-Straße auf frischer Tat ertappt, als sie 75 Kilogramm Schmuggelgut aus Geheimfächern unter den Sitzpolstern und im Chassis eines präparierten Pkw ausluden, um sie zu verkaufen. Der Hauptverdächtige war sich keiner Schuld bewusst und bombardierte das Gericht mit einem wahren Redeschwall. Irgendwann wurde es dem Vertreter der Anklage zu bunt: Er bewundere den Mut des Mannes, der vermeintlich glaube, ein deutsches Gericht in „derart unverschämter Art und Weise" belügen zu können. Da schwieg der Johnny und ward für neun Monate nicht mehr auf freiem Fuß gesehen.

Während Johnny einsaß, hatte Bonn ein Einsehen. Nach dreijährigen Debatten beschloss der Bundestag im August, die Tee- und Kaffeesteuer von zehn auf drei D-Mark pro Kilo zu reduzieren. Das entzog nicht nur dem Teeschmuggel seine Grundlage – es förderte auch den Konsum. 1954 nahm der Staat aus der verringerten neuen Steuer sogar mehr ein als im Jahr zuvor! Ein einträgliches Geschäft.

Nun, dachten sich einige schlaue Leute, die Steuereinnahme ist eine lohnenswerte Diebesbeute. Warum also den Staat beschummeln, wenn man ihn gleich plündern kann? Als am 10. Januar die Teesteuern fällig geworden waren, eilten die wackeren Unbekannten frohgemut zum Rathausplatz, an dessen Seite schon damals das Finanzamt residierte. Nachdem die Beamten abends ihre Büros verlassen hatten, schritten die Langfinger mit einer probaten Angel zur Selbstbedienung. Aus dem Briefkasten der Behörde fischten sie lukrative Post mit vielversprechenden Verrechnungsschecks. Die Schecks wurden danach ziemlich dilettantisch mit gefälschten Adressen präpariert und aus dem Empfänger „Finanzamt" wurde ein fiktiver „Einkaufsverband". Einer der Männer spazierte mit der Beute in eine Bank im Friesischen, eröffnete ein Konto und reichte die Schecks ein. Die Bankmitarbeiter riefen zwar in Wilhelmshaven an, um die Deckung der Schecks zu klären, den falschen Empfänger aber übersahen sie. So machte der „Einkaufsverband" seinem Namen alle Ehre und hatte bald 8000 Mark auf dem Konto. Natürlich wurde das Geld schnell abgehoben. Die Sache flog erst auf, als die Behörde bei den säumigen Steuerzahlern vorstellig wurde. Nun gingen die Gerichte der Frage nach, wer für den Schaden aus dem unsicheren Briefkasten aufkommen sollte. Übrigens, die Diebe wurden nicht gefunden.

Mit dem Lido nach San Remo

„Komm ein bisschen mit nach Italien", sang Caterina Valente 1955 und sie sang damit ganz Deutschland aus der Seele. „Das war allerdings so eine Sache mit ‚ein bisschen'", erinnert sich Heinz Schütt aus Wilhelmshaven. Seine Fahrt bis zu einem Campingplatz in San Remo im Juni 1956 dauerte sage und schreibe fünf lange Tage. Im Frühjahr hatte der 22 Jahre junge Schütt sich für 1200 Mark einen Achilles-Sport-Roller mit Sturzbügeln gekauft. Als technischer Zeichner beim Norddeutschen Eisenbau in Sande verdiente er 356 Mark brutto. Nachdem die Maschine eingefahren war, lud er Zelt, Schlafsäcke, Luftmatratzen und seinen Fußball-Kumpel Hannes Saake auf und knatterte gen Süden.

Den größten Teil der Strecke gab es nur Landstraßen. Die Schweizer Auffahrt zum St.-Gotthard-Pass war ungeteert. Am Berg wurde ständig gesprengt, Zwangspausen waren die Folge. Mit Mühe stotterte der Roller durch Nebel und Regen bergan. „Wir hatten ja nicht einmal dichtes Regenzeug", sagt Schütt. Ab der Passhöhe begann die Fahrt ins Blaue auf glattem Asphalt. „Mit jedem Kilometer wurde es schöner – und in Lugano trugen wir nur noch leichte Sommersachen. Das werde ich nie vergessen."

Wie Heinz Schütt träumten in den 50er-Jahren viele Deutsche davon, selbst mobil zu sein. In der ersten Hälfte des Jahrzehnts stammten die fahrbaren Untersätze oft aus Langewerth bei Wilhelmshaven. Bereits 1948 hatte Ernst Weikert in drei Baracken, die im Weltkrieg vom Marinenachrichtendienst genutzt worden waren, mit der Produktion von Fahrradteilen, später von Fahrrädern mit Hilfsmotor begonnen.

Die Familie stammte aus Oberpolitz im Sudetenland, wo Weikerts Vater 1894 die Achilles-Werke gegründet

Lido

DAS MOPED DER ZUKUNFT

für verwöhnte
Damen und
Herren!

MIT SACHS

Anneliese Kaplan

achilles-WERKE WEST GMBH.

WILHELMSHAVEN - LANGEWERTH

hatte, in denen vor Beginn des Zweiten Weltkrieges 2000 Menschen gearbeitet hatten. Nach der Flucht der Familie vor der Roten Armee über Friedland nach Wittmund und nach Weikerts eigener Entlassung aus der Internierungshaft wagte die Familie in Langewerth einen Neuanfang. Ein verheerendes Feuer machte Anfang Dezember 1948 die Pläne zunächst zunichte. „Die kurze Geschichte des Unternehmens war von enormen Höhen und Tiefen geprägt", erklärt Kulturwissenschaftlerin Tanja Kwiatkowski vom Küstenmuseum Wilhelmshaven, die die Historie vor allem aus Aufzeichnungen der städtischen Wirtschaftsförderung, Berichten von Weikerts Sohn Jostpeter und ehemaligen Mitarbeitern rekonstruiert hat.

Die Lizenzproduktion für eine Schweizer Konstruktionsfirma brachte Achilles 1952 den Durchbruch. Im Jahr darauf präsentierten Weikert und seine Mitarbeiter auf der Internationalen Fahrrad- und Motorradausstellung in Frankfurt am Main ihren neuen Roller und das erste Moped A 7, das 1954 in verbesserter Form unter dem Namen Capri mit südlichem Chic beworben wurde. Schon die Farbvarianten spielten mit Exotik: Rasparot-Cocuscreme, Bronze-Beige, Nugget-Gold, Elfenbein-Schwarz, Bronze-Cognac und Kongogrün-Nilsand.

In Lehrfilmen der Wilhelmshavener Verkehrswacht aus den 50er-Jahren kann man sehen, wie die Jadestädter jeden Morgen in großen Pulks auf ihren Achilles-Rollern und Mopeds zum Olympia Werk in Roffhausen tuckerten. „Allerdings waren auch die Unfälle zahlreich. Mancher junge Mann wollte wohl zu sehr mit seinem Moped imponieren", vermutet Kwiatkowski. 1961 wurde deshalb die Führerscheinpflicht für Mopeds eingeführt. Diese unpopuläre Maßnahme war jedoch nicht der Grund für den Untergang der Zweiradindustrie, vielmehr lag es am Wirtschaftswunder. Kwiatkowski berichtet: „Man

2008 präsentierte das Küstenmuseum in Wilhelmshaven Zweiräder aus den Achilles-Werken.

kann in städtischen Unterlagen sehr schön sehen, wie ab Mitte der 50er-Jahre die Zulassungszahlen für Pkw in die Höhe schnellen und die für Kradfahrer abnehmen." Wer konnte, der stieg vom Roller in einen VW Käfer um oder ein anderes Modell mit vier Rädern und Dach über dem Kopf.

Da half auch nichts, dass Weikert 1956 das Nachfolge-Moped Lido vorstellte. Als die Verkaufszahlen zu wünschen übrig ließen, überlegte der Schweizer Geldgeber,

ob er in Wilhelmshaven statt Zweirädern Ölöfen pro-
duzieren lassen solle. Doch die hohen Transportkosten
aus der Provinz ins ganze Bundesgebiet vereitelten den
Plan. 1957 wurden die Achilles-Werke mit zuletzt 500
Mitarbeitern geschlossen. Ernst Weikert hielt sich nach
anderen Versuchen mit einem Versicherungsbüro über
Wasser.

Doch der Mythos seiner Roller und Mopeds hat bis heute
überdauert. Auch Heinz Schütt hat seinen Sport-Roller
noch. Dabei habe ihm die Altgold-Farbe eigentlich nie
gefallen. Er fährt damit gelegentlich sonntags mit dem
Motorrad-Veteranenclub durch die Region. In Italien
war Schütt nie wieder, aber dafür 1958 zur Fußball-
Weltmeisterschaft in Schweden. „Wir hatten sogar Karten fürs Endspiel Schweden-Brasilien. Die Schweden
haben uns damals 600 Mark dafür geboten. Aber für uns
Fans kam der Verkauf natürlich gar nicht infrage."

Besonders gerne denkt er jedoch an die Fahrt 1956
nach Italien, nach Monaco, wo Grace Kelly nur Monate zuvor Fürst Rainer III. geheiratet hatte, und nach
San Remo, über das auch Caterina Valente sang: „Eine
Nacht, eine Nacht in San Remo ist für uns so wunder-
schön. Diese Nacht, diese Nacht in San Remo müsste
nie zu Ende gehen."

Hostessen in den Schlagzeilen

Ob Scherben Glück bringen, ist eine Frage der Perspektive. Der Badegast, der im legendären Sommer 1969 – man denke nur an Bryan Adams Pop-Hymne „Summer of '69" – am weißen Geniusstrand vor den Toren Voslapps in eine solche trat, wird wohl fluchend zum Bademeister gehinkt sein. Der Unfall jedoch bescherte den Jadestädtern seither denkwürdige Auftritte von Atze Schröder bis Yehudi Menuhin, Badevergnügen an drei Stränden und über die Jahrzehnte gerechnet über 3000 Arbeitsplätze. Wie das?

Dem erst im Jahr zuvor aus Gießen an die Küste gezogenen Oberstadtdirektor Dr. Gerhard Eickmeier kam das Bademalheur gar nicht ungelegen. Die Stadt könne unmöglich für jeden Schaden an den Stränden haften, überzeugte der Jurist die Vertreter von SPD, FDP und der Unabhängigen Wählergemeinschaft (UWG) im Rat der Stadt. Mit deren Stimmen hob er am 28. November 1969 gemeinsam mit Oberbürgermeister Johan Janssen und Badeamtsleiter Paul Kissing die Freizeit GmbH aus der Taufe.

Deren Anfang allerdings war schwer: „Wohl noch nie war der Strand hinter dem hohen Gitter aus rostigem Draht so wenig bevölkert wie Pfingsten 1970", erregte sich die Wilhelmshavener Zeitung. „Mutti, wir sind ja im Gefängnis", zitierte der Reporter ein Mädchen aus Dortmund. Und ein „älterer, wohlbeleibter Ausflügler aus Herne" habe gemurmelt: „Wie damals im Kriegsgefangenenlager". Der Start in die erste Saison 1970 war gelinde gesagt schwierig.

Gleich zu seinem Amtsantritt, hatte der erste Geschäftsführer Dieter Marx hervorgehoben, wie wichtig es sei, Kurgästen am Geniusstrand auch bei schlechtem Wetter etwas zu bieten. Recht sollte er haben: Gleich die ers-

*Bis Ende der 60er-Jahre war der Geniusstrand ein na-
türliches Strandparadies. Rund 600 000 Menschen wa-
teten jedes Jahr durch den Schlick vor dem alten Voslapper Leuchtturm.*

Bis zum Saisonende 1970 kamen 549 242 zahlende Gäste.

te Saion blieb mit nur 45 Sonnentagen statt 75, wie im Traumsommer 1969, deutlich hinter den Erwartungen. Eine Wassertemperatur von elf Grad zu Pfingsten lockte nur die Hartgesottenen, auch wenn die Verantwortlichen von der „Costa Jada" schwärmten – die Phrase vom „Acapulco des Nordens" kam erst Jahrzehnte später.

Auch am Geniusstrand, der von Bauarbeiten stark betroffen war, waren die Verhältnisse ungenügend. Um zumindest die wichtigsten zu befriedigen, wurden eigens Trockentoiletten aus Kassel angefahren. „Die beiden ‚Attraktionen', zwei Mini-Skooter und der Minigolfplatz, machten den Kohl nicht fett", beklagte die Zeitung. Trotzdem kamen bis zum Saisonende 1970 genau 549 242 zahlende Gäste.

Am Südstrand waren es nur 35 309 Menschen! „Südstrand-Adel" eben, der unter der Aufsicht von Hermann Buschkämper lieber unter sich blieb. Der pensionierte Marine-Offizier der Alten Schule führte sein strenges Regiment stets in blütenweißer Hose und weißem Hemd. „Guten Tag, Frau Admiral", grüßte er die Damen mit dem Dienstgrad ihrer Gatten und trieb Hunderte fröstelnder Jadestädter zum Schwimmunterricht „auf die harte Art" in die kalte Jade, erinnert sich der zweite Freizeit-Chef Rüdiger Kramp, der ab 1973 die Geschäfte übernahm. „Und in seinen Protokollbüchern konnte ich exakt nachlesen, wann ich selbst am Südstrand gewesen war: ‚Chef war da'", erzählt Kramp. Vor allem aber ließ Hermann Buschkämper sich nicht verdrießen. „Guten Tag, hier ist der sonnige Südstrand", meldete er sich bei strömendem Regen am Telefon.

1972 nahmen die ersten Hostessen ihren Dienst am Jadebusen auf, um für die Stadt und ihre Vorzüge zu werben. In ihren kanarienvogelgelben Kostümen erinnerten sie an Stewardessen der Lufthansa. Einige Bewerberinnen verstanden unter Hostessen-Service allerdings etwas anderes: Als eine Aspirantin zum Vorsprechen erschien, präsentierte sie sich in durchsichtiger Bluse, erinnert sich Personalsachbearbeiterin Angela Luth. Das Treiben im Technischen Rathaus sprach sich herum: Einige Ehemänner seien nicht von der Seite ihrer Frauen, die sich beworben hatten, gewichen, damit da nichts Unsittliches geschah. „Meistens waren das honorige Marine-Frauen auf der Suche nach Beschäftigung", schmunzelt Kramp über die Doppeldeutigkeit. Die brachte Wilhelmshaven sogar in die St. Pauli Nachrichten. „Oft wurden die Damen auch mit Politessen verwechselt", erinnert sich In-

Wilhelmshaven-Hostessen in kanarienvogelgelben Kostümen kümmerten sich ab 1972 um die Gäste der Jadestadt.

grid Janßen, die lange Jahre das Marketing der Freizeit verantwortete. „Das führte dann zu unschönen Kommentaren" und später zur Umtaufe. Man spricht seither von Gästeführerinnen.

Dem Erfolg Wilhelmshavens als Touristenziel haben die Bemühungen insgesamt aber genutzt. Die Zahl der Übernachtungen stieg von 62 421 im Jahr 1969 über 69 829 im Jahr 1975 bis auf 99 597 im Jahr 1980. Erst danach sank sie wieder ab und rutschte 2005 knapp unter 50 000. Dabei ist die Zahl der Betten von 1082 im Jahr 1969 auf 1475 kontinuierlich gestiegen und in den letzten Jahren auch die Zahl der Gäste wieder leicht positiv.

Von wegen Bahamas!

Fast könnte man glauben, der Weg über die Nassau-Brücke führe direkt in den Karibik-Urlaub. Nassau – welcher Skipper denkt bei diesem Namen nicht an die weiße Hauptstadt der Bahamas weit draußen im warmen Golfstrom vor der Goldküste Floridas, wo der Sommer nie zu Ende geht.

Als die elegant geschwungene grüne Stahlkonstruktion vor einem Jahrhundert in Wilhelms Hafen montiert wurde, hatte man freilich anderes im Sinn. Wilhelmshaven im Oktober 1909: Das Deutsche Reich ist auf dem Gipfel seiner technischen und wirtschaftlichen Entfaltung angelangt. Der Kaiser und seine Bürger strotzen vor Potenz und Geltungsdrang. Äußeres Symbol ist die Marine, der Tausende fleißige Arbeiter binnen 50 Jahren einen stattlichen Hafen in den Jade-Schlick gebuddelt haben.

Das Linienschiff *Nassau* passiert am 15. Oktober 1909 gegen 12 Uhr als Erstes die neue Schleuse, die man künftig 1. Hafeneinfahrt nennen wird. Der ungünstig zur Strömung gelegene Altbau hat den Ersatz der alten 1. und 2. Einfahrt nötig gemacht. Welch ein Spektakel ist diese Premiere! Erst zwei Wochen zuvor war die 146 Meter lange *S. M. S. Nassau* in Dienst gestellt worden. Mit 26 255 PS pflügt sie auf die vom Westwind stark bewegte Jade hinaus. Viele Offiziere und Verwaltungsbeamte der Kaiserlichen Werft stehen staunend am Deich und schauen zu.

Doch während das Stahlungetüm draußen auf Reede liegt, wollen die 1008 Männer an Bord gut versorgt werden. Barkassen mit Brot und Briefen, Schuten mit Kohle und Ersatzteilen, Tender mit Freigängern und Boten pendeln zwischen Schiff und Hafen. Sie legen an einem künstlichen Ponton an, der im frei zugänglichen

Schlickhafen vor der Hafenmauer dümpelt. Eine Hubbrücke verbindet den Ponton mit dem Festland. So können bei jedem Wasserstand Boote be- und entladen werden. Sie ist mit fünf Metern Breite und sechs Metern Höhe sogar für schwere Fuhrwerke ausreichend groß. Und ihre 48 Meter Länge sorgen dafür, dass bei Niedrigwasser der Neigungswinkel nicht zu steil ausfällt. Eine Flutmole schützt das Hafenbecken vor zu hohen Wellen. Weil die Besatzung der *Nassau* die neue praktische Einrichtung als Erste nutzt, hat der Volksmund schnell den wenig schmeichelhaften Spitznamen „Nassauer" (Schmarotzer) für sie.

An den Aufgaben, die die Nassaubrücke zu erfüllen hat, hat sich auch in einem bewegten Jahrhundert wenig geändert. Ursprünglich war die Nassaubrücke allerdings im Norden des Fluthafens installiert. An ihrem Ende stand im Ersten Weltkrieg ein Marinepostamt, in dem die ankommenden Briefe der Seeleute gelesen, zensiert und dann weiterverschickt wurden.

Später verlegte man die Nassau-Brücke, die längst zur Namenspatronin das ganzen ehemaligen Schlick- oder Fluthafens geworden war, an ihre heutige Stelle. Nach dem Zweiten Weltkrieg fiel sie, anders als große Teile der Werft und der Hafenanlagen, nicht der Demobilisierung durch die Alliierten zum Opfer. Lange war unklar, wem die Brücke überhaupt gehörte. Das Wasser- und Schifffahrtsamt machte sie schließlich in den 50er-Jahren auf eigene Rechnung wieder begehbar. Wie schon zu Beginn des Jahrhunderts freuten sich vor allem einige Krabbenfischer über die Nutzung, so

Bis heute ein originelles Schmuckstück aus Stahl: Die Nassau-Brücke.

konnten sie ihren fangfrischen Granat direkt an Land bringen. Als die Stadt in den 70er Jahren zum zentralen Öl Umschlaghafen der Bundesrepublik avancierte, kam der malerischen Nassaubrücke erneut große Bedeutung zu. Von hier aus wurden die Tanker versorgt, die an den Löschköpfen der Nord-West-Ölleitung in der Außenjade ihre Ladung an Land pumpten.

Bis heute kann man am Ponton der Nassaubrücke Arbeitsschiffe liegen sehen, die beispielsweise die Fahrrinne freihalten. Seit 1908 liegen hier außerdem die Segelboote des Wilhelmshavener Segelvereins, der 1946 im Wilhelmshavener Segelclub aufging. Von seinem Vereinsheim am Nassauhafen genießt man den Logenblick auf das maritime Altertümchen und kommt dabei zwangsläufig in Urlaubslaune.

Die Nassau-Brücke hat schon viel erlebt. 2002 wurde sie von einer Sturmflut überschwemmt.

Bonsai, Gott und Hexensabbat

Wären die Mitarbeiter der Stadthalle nicht so umsichtig, der verwinkelte Bau hätte manchen Künstler in den vergangenen drei Jahrzehnten das Leben gekostet. Regelmäßig kommen vor den Sinfoniekonzerten Musiker abhanden, die sich in Ruhe „einblasen" wollen, weil ihnen die nur von innen zu öffnenden Notausgänge zum Verhängnis werden. Ein kleines Drama gab es indes mit Montserrat Caballé, die 1996 in Wilhelmshaven aufgetreten ist. Weil die spanische Operndiva kaum mehr Treppen steigen konnte – zwei künstliche Hüften machen ihr das Leben schwer – hatten die Bühnentechniker eigens eine Hebebühne konstruiert, die die Künstlerin auf die Bühne hieven sollte. Doch die Caballé kam nicht.

Nach der Landung in Hamburg und einem TV-Interview sollte die Diva nach Wilhelmshaven fahren. Um 19 Uhr wurden die Türen fürs Publikum geöffnet. Techniker Klaus Vogel wartete wie verabredet am Bühnenfahrstuhl in der Gerichtsstraße, der Pianist spielte sich ein. Nur der Stargast des Abends fehlte. Stadthallen-Mitarbeiter Jürgen Fromm überlegte sich bereits fieberhaft gewogene Worte für eine Konzertabsage, als um 19.45 Uhr ein großer Mercedes mit Blinklicht entdeckt wurde, in dem die Operndiva gekommen war!

Ein Mitarbeiter des SB-Warenhauses im Erdgeschoss hatte sie im Lastenaufzug mit ins Obergeschoss genommen und hinter einem der Notausgänge abgesetzt. Der ließ sich allerdings eben nur von innen öffnen und ohne Lift kam die Künstlerin auch nicht zurück auf die Straße. So harrte sie eine halbe Stunde auf Rettung. „Wutschnaubend und mit dunkler Sonnenbrille rannte sie mit mir durchs Foyer", erinnert sich Fromm, der sie schließlich entdeckte, „und von der Hebebühne wollte sie nichts wissen". Dennoch war ihr Auftritt perfekt:

Montserrat Caballé 1996, dem Jahr, in dem sie in Wil-helmshaven auftrat.

„Zwei Stunden mit Montserrat Caballé, das ist wie Wandeln im Garten Eden des edlen Gesanges", schwärmte Musikkritiker Norbert Czyz tags drauf in der Wilhelmshavener Zeitung.

Dennoch: Die Stadthalle, die 1979 eröffnet wurde, stand von Anfang an unter keinem guten Stern. Über eine „städtebauliche Katastrophe" und eine „Fehlinvestition" schimpfte schon 1977 der CDU-Fraktionschef im Rat, Hans Janssen. Weil die ursprünglichen Pläne für eine terrassierte Wohnanlage über einem Warenhaus nicht realisierbar waren, ließ die SPD-Mehrheit vom niederländischen Investor Wilma einen „Stadtsaal" bauen. Die Mietkosten bei 25-jähriger Vertragslaufzeit betrugen 925 000 Mark per anno. Vom ersten Tag an war die Stadthalle ein Zuschussbetrieb mit Gesamtkosten von 1,9 Millionen D-Mark, zumal ab den 80er-Jahren vielen der großen Stars Hallen mit 1800 Plätzen schlicht zu klein wurden. Kein leichter Start für das „Veranstaltungsmonstrum" – wie die WZ die Stadthalle 1978 nannte.

Dabei gab man sich spektakulär. Zum Eröffnungsball 1979 ließ Geschäftsführer Rüdiger Kramp den polnischen Künstler Mariusz Chewedezuk eine künstliche Winterlandschaft mit Silberfolie und Schneebergen aufbauen. „Weil hier immer nur Schmuddelwetter war, wollten wir der Stadt ein Wintermärchen bescheren", erinnert sich Kramp. Die unerwartete Schneekatastrophe im Januar 1979, durch deren Schneemassen die Ballbesucher schließlich ins Jadezentrum stapften, machte der Exotik einen Strich durch die Rechnung. Da war mancher froh, dass die luftig bekleideten Damen des Adiri-Dancer-Balletts noch einen Hauch Südseefeeling in den Frost zauberten.

Roland Kaiser, Roy Black, Marika Rökk, Karel Gott, Howard Carpendale, die Puhdys, Reinhold Messner, Jürgen von Manger, Heino und Otto Waalkes zogen allein im

41

Das Jadezentrum, Wilhelmshavens Stadthalle, war von Anfang an ein Zuschussbetrieb.

Eröffnungsjahr 1979 die Massen an, darunter übrigens auch Ottos Eltern aus Emden und Bruder Karl-Heinz, der damals als Ingenieur im Staatshochbauamt arbeitete. „Ein bisschen mulmig war mir bei diesem Familientreffen doch", gestand Otto anschließend im Interview. Vom Niedersächsischen Philologentag bis zum Jahrestreffen des Bonsai-Clubs Deutschland hat die Halle allen denkbaren Zwecken gedient. Insterburg & Co traten hier mit ihrem letzten Programm auf und der greise Lord Yehudi Menuhin mit seinem Orchester. Freddy Quinn ließ sich aus Langeweile vor dem Auftritt einen Schraubendreher reichen und reparierte die Steckdosen in der Garderobe. Hildegard Knef trank vor ihrem Auftritt 1980 so viel Whisky, dass sie von zwei Helfern auf die Bühne geführt werden musste.

Legendär ist der alljährliche „Hexensabbat" in den 80er-Jahren mit üppiger Dekoration und Musik verschiedener Richtungen. Schon Tage vorher waren alle Karten verkauft. Ärgerliche Besucher traten Scheiben der Eingangstüren ein, um auch ohne Ticket in die Halle zu kommen. „Einer pinkelte mir aus Frust vor die Füße", erinnert sich Kramp, „aber hexen konnten wir trotzdem nicht".

Beim „Hexensabbat" wurde in den 80er-Jahren regelmäßig besonders ausgelassen gefeiert.

Die Frisco-Geisha reist nach Friesland

„Eine Seefahrt ist lustig", sagt Otto Böhm, „aber nur, solange zu Hause noch kein Mädchen wartet. Dann kann die Seefahrt sehr hart werden." Als er 1963 mit dem Stückgutfrachter *Cuxhaven* der Bugsierreederei in San Franzisco vor Anker ging, wusste Böhm ein Lied davon zu singen. Schließlich war er in Margit verliebt, die – wie er hoffte – in Wilhelmshaven auf ihn wartete. Zum Glück blieb genug Zeit, um für seine Angebetete ein reizvolles Mocca-Service im Japan-Dekor zu kaufen. Kleine Geschenke erhalten bekanntlich die Freundschaft – und so wurde Margit schon im folgenden Jahr, also 1964, Ottos Frau.

1955 hatte Otto Böhm als 18-jähriger Schiffsjunge in der Handelsschifffahrt angeheuert. Schnell stieg er in der Bordhierarchie auf und war bereits 1963 dritter Offizier: „Da hatte ich schon was zu sagen", erinnert er sich. Die *Cuxhaven* war seinerzeit mit maximal 13 000 Bruttoregistertonnen Ladung zwischen Europa und der nordamerikanischen Westküste im Liniendienst unterwegs. „Westküste Nord – drei Jahre bin ich die Route gefahren von Hamburg durch den Panama-Kanal nach San Diego, Los Angeles hoch bis Vancouver", sagt Böhm.

Eine Station war Frisco, wie die kalifornische Westküstenmetropole San Franzisko unter Seeleuten heißt. Weil Kisten, Kästen und Fischmehl – „wenn es ganz schlimm kam" – umständlich entladen werden mussten, hatte Böhm gelegentlich ein, zwei Stunden Zeit für einen Landgang. Mit den Holzwagen der legendären Cable Car ging es hügelauf, hügelab nach Chinatown. Das größte Asiatenviertel außerhalb Chinas war in den 60er-Jahren noch ein Ort der Exotik. Rote Lampions, Singvögel in Käfigen, getuschte Schriftzeichen und fremdartige Gerüche bildeten die Kulisse. Viele der angebotenen Waren

Gut gehütet: Die zerbrechliche Tasse aus Frisco hat Otto Böhm noch heute.

waren in Europa kaum zu bekommen. So auch das feine Mocca-Service mit den Blumenmotiven, in das sich Otto Böhm gleich verliebte. Der Clou ist ein feines Relief im Boden der Tassen. Hält man den gegen das Licht, wird der Kopf einer japanischen Geisha sichtbar. „Gehandelt haben wir damals nicht. Ich war einfach froh, dass ich nicht mit leeren Händen nach Hause fuhr", erinnert sich der Pensionär mehr als vier Jahrzehnte später.

Nach der Hochzeit wurde er häuslich, besuchte die Kapitänsschule und trat mit dem erworbenen Patent als Oberleutnant zur See in die Bundesmarine ein, wo er später eine Landungsboot-Division befehligte. Die Zeit der großen Fahrten auf die andere Seite des Erdballs war damit vorbei. Doch die Geisha aus Frisco hat Otto Böhm immer noch im Wohnzimmerschrank. Wohlbehütet hat das kostbare Porzellan die Zeit überstanden, trotz dünner und leicht zerbrechlicher Tassenwände.

„Über Siebenbürgen musst du geh'n"

Sommer 1981: Finnland ist zu Gast in Wilhelmshaven. Nicht nur die Big-Band „UMO" des finnischen Rund- funks ist für ein Live-Konzert im Kulturzentrum Pumpwerk angereist. Auch Hunderte Flusskrebse ha- ben sich eher unfreiwillig auf die Reise gemacht. Beim *Wochenende an der Jade*, dem jährlichen großen Volks- fest seit 1966, sollen sie das Gastland kulinarisch ver- treten. Ein Teil der Gliederfüßer streckt allerdings viel zu früh die acht Beine und zwei Scheren von sich. „Die waren zwei Tage vorher geliefert worden, aber irgend- wann zappelten sie nicht mehr", erinnert sich Angela Luth, die damals bei der Organisation half. „Wir wuss- ten nicht, ob wir die Leute vergiften", ergänzt der da- malige Freizeit-Geschäftsführer Rüdiger Kramp. Das Gesundheitsamt hatte schon Fühlung aufgenommen.

So kam jeder Krebs einzeln in heißes Wasser – und wer noch zappelte, der kam anschließend ins Menü. „Das Krebsessen fiel damit etwas mager aus, aber Regen- wasser füllte die Teller", erinnert Kramp. Es regnete Bindfäden, als die geladenen Gäste auf den Hof des Fi- nanzamtes strömten. Die Laune ließ man sich davon aber nicht verderben – Regenponchos und Lätzchen mit Krebs-Motiv kamen zum Einsatz und die Mitarbei- ter verabreichten jedem Besucher zur Begrüßung einen Esslöffel Wodka. Am Ende war die Gesellschaft so auf- geheitert, dass Gäste und Gastgeber in Gummistiefeln durch den Regen tanzten.

Die ersten *Wochenenden an der Jade* sind vielen Wil- helmshavenern vor allem deshalb in so guter Erinne- rung geblieben, weil alle zum Gelingen der originellen Einfälle beitrugen. „Die Damen aus der Buchhaltung banden sich Schürzen um und servierten. Viele Kolle- gen campierten die Tage über im Büro. Und Stadt und

1974 wurde Arnold Preuß die Rolle als Rüstringer Friese eher aufgedrängt. Das hat ihm nicht geschadet, denn er spielt bis heute Theater bei der Niederdeutschen Bühne.

Bis heute ist das maritime Wochenende an der Jade *das größte Volksfest im Nordwesten.*

Polizei machten alles möglich", schwärmt Kramp. „Wir waren wie eine große Familie."

1976 verschwand der ganze Rathausplatz unter etlichen Lkw-Fuhren Sand, damit die über 40 Mitglieder einer Rodeotruppe den Lieblingssport des Wilden Westens präsentieren konnten. Samt Pferden und Bullen waren die in Deutschland stationierten US-Soldaten als freiwillige Akteure gekommen. Und sie erwiesen sich als echte Cowboys: Etliche schliefen lieber unter der Tribüne und in der Nähe ihrer Tiere als im Hotel.

1978 wurde der Rathausplatz für das Gastland Österreich geflutet. Von der maritimen Freizeitmesse „boot" in Düsseldorf, zu der traditionell gute Kontakte bestehen, hatten die Organisatoren das größte transportable Becken der Welt ausgeliehen. Schüler stachen freiwillig zwei Tage lang Grassoden und pflanzten Büsche und Blumen, um den „Wolfgangsee" ansprechend zu begrünen. Zwei Inseln entstanden und ausgesetzte Enten zogen ihre Kreise. Bevor Surf-Shows und eine Abseilaktion vom Rathausturm das Publikum in Atem hielten, sorgten allerdings Kälte und Regen für technische Probleme – mit dem Wetter hatte man immer wieder zu kämpfen. Um die wartenden Gäste zu unterhalten, schickte man den jungen Franzosen Bernard Kajdan, heute längst Stadtrat in Vichy, im Blaumann auf die Seebühne. Auf dem Steg machte der sich gestikulierend mit einem Schraubendreher zu schaffen – und fiel zur Gaudi der Massen prompt ins eiskalte Wasser.

Vieles, was in den ersten Jahren das *Wochenende an der Jade* bereicherte, erscheint heute undenkbar. Wasserski-Shows, Powerboot-Rennen im Großen Hafen und die Lautstärke der Musikbühnen würden heute die Anwohner erzürnen, die sich sogar am Klimpern der Masten stören.

1974 war es noch möglich, einen jungen Mitarbeiter der Jugendpflege mir nichts, dir nichts in Wams und Beinlinge zu stecken und als „Rüstringer Friesen" aufs Stadtfest zu schicken. „Ich sollte dazu eine Perücke tragen, aber lieber ließ ich mir die Haare lang wachsen", erinnert sich Arnold Preuß an seinen Auftritt. Heute ist er Pressesprecher der Stadt. Mit der jungen Französin Christiane Bonnamour-Oeboisse aus Paris in der Rolle der „Marianne" ließ er sich in einer Kutsche übers Fest fahren – „da war es mir egal, eine Comicfigur zu sein". Zum Stadtmaskottchen wollte Preuß dennoch nicht auf Dauer werden – und die junge Dame habe er nie wieder gesehen, sagt er.

Zum Inbegriff des *WadJ* – wie der Wilhelmshavener sagt – wurde in den 90er-Jahren das Hammer Duo Till & Obel. 1992 traten die Westfalen drei Tage hintereinander auf der Planschbecken-Bühne am Fliegerdeich auf – am Ende mit über 10 000 Zuschauern. Größere Erfolge haben sie nirgends gefeiert und kamen selbst dann noch gemeinsam zu Auftritten ins Pumpwerk, als sie kurz davor waren, sich zu trennen – dem Publikum und dem Fisch im „Seglerheim" zuliebe. Und ihre Peter-Maffay-Parodie – „Hallo Froinde" – klingt noch Tausenden in den Ohren: „Über Siebenbürgen musst du geh'n. Transsylvanien musst du übersteh'n …"

Freier an der Regenrinne

Mit der Kapitulation Deutschlands 1945 war eine Welt zerbrochen. Doch gerade die Jüngeren ahnten, dass ihnen die neu anbrechende Zeit vielfältige Möglichkeiten und persönliche Freiheit bieten würde.

Zu den Besatzern der ersten Stunde gehörten „Naval Officer in Charge" Captain Edward Condor und seine britischen Truppen, die allmählich Partner und bisweilen Freunde der Wilhelmshavener wurden. Und mit der Prince-Rupert-School brachten die Briten ganz neue Sitten in die Jadestadt. Die Internatsschule für die Kinder der Streitkräfte-Angehörigen in Deutschland wurde im Sommer 1947 in der britisch-amerikanischen Besatzungszone gegründet. Sie war die erste des Britischen Königreichs, in der Jungen und Mädchen gemeinsam lernten. In deutschen Klassen brauchte es noch Jahrzehnte, bis man ähnliche Experimente wagte.

Die britischen Jungs und Mädchen in ihren grauen Hosen und Röcken, weißen Hemden, dunkelblauen Blazern mit dem weißen Abzeichen und ihren schwarz-silber gestreiften Krawatten gaben jedenfalls mehr als ein Vierteljahrhundert lang Wilhelmshavens Stadtbild ein internationales Flair. Mit ihren Spielen, ihrer Musik und ihrer Mode prägten sie die hiesige Jugend.

Im Juli 1947 kamen die ersten 70 „Pioniere", wie sie später von Mitschülern genannt wurden, nach Wilhelmshaven. Den kleinen Festakt zur Eröffnung verpassten die meisten allerdings, weil der Fahrer ihres Lastwagens den Weg nach Schlicktown nicht fand. Erst 1984 kam schließlich der Autobahn-Anschluss für die Stadt.

Die Besatzungskräfte hatten der Schule die alte U-Boot-Kaserne am Ufer des heutigen Banter Sees übergeben, die sie nach 1945 kurzfristig unter dem Namen „HMS Royal Rupert" militärisch genutzt hatten. In eilig aufgestellten Nissenhütten begann der Unterricht. An sonnigen Tagen heizten sich die Blechbüchsen derart auf, dass sie mit Wasserschläuchen gekühlt werden mussten. Daraufhin waren sie schon nach wenigen Jahren völlig verrostet und man ersetzte sie durch feste Bauten.

Als im September der reguläre Unterricht in Wilhelmshaven begann, hatten sich 250 Jungen und Mädchen zwischen elf und 17 Jahren eingefunden. Später sollte ihre Zahl bis auf 712 anwachsen. Fünf der ehemaligen Kasernenbauten waren in den ersten Jahren nötig, um sie unterzubringen. Erst wohnten die Jungen im ersten Stock und die Mädchen im zweiten. Nachdem allerdings die Nachtwachen aus dem Lehrerkollegium einige Wagemutige auf Freiersfüßen von den Regenrinnen gepflückt hatten, an denen hinauf sie zum Stelldichein geklettert waren, wurden die Geschlechter streng getrennt. Nun mussten die Jungs in die alten Kasernen am Fliegerdeich umziehen, in denen heute die Meeresforscher vom Senckenberg-Institut arbeiten. Ihre neuen Häuser waren nur auf einem holprigen Pfad über den provisorischen Damm erreichbar, mit dem die Briten den alten U-Boot-Hafen

abgesperrt und zum heutigen Banter See umfunktioniert hatten.

Das änderte natürlich nichts daran, dass man sich näherkam. Viele spätere Paare haben sich hier gefunden – sowohl unter den Schülern, als auch unter den Lehrern. So erinnerte sich David Skillan, er war Anfang der 50er-

In den Anfangsjahren fand der Unterricht in provisorischen Nissenhütten statt. 1947 zog die Prince Rupert School in die alten U-Boot-Kasernen am Westhafen ein. Mit ihren blau-grauen Schuluniformen prägten die britischen Kinder das Stadtbild bis 1972.

Jahre in Wilhelmshaven, an die Begegnungen mit seinem energischen Fußball-Gegenspieler Denis Voller, der in einer anderen Hausmannschaft auf seiner Gegenposition spielte. Denis galt unter den Teenagern als etwas Besonderes: Immerhin hatte sein älterer Bruder Brian als erster Schüler aus Wilhelmshaven die Aufnahmeprüfung für die Pilotenausbildung der Royal Air Force bestanden. Nun, ausgerechnet dieser Denis machte Davids Schwester Janice gehörig den Hof. Dabei sollte es nicht bleiben: Nach dem Schulabschluss gingen emsig Briefe hin und her – und einige Jahre später wurde geheiratet.

Natürlich wurde an der Prince Rupert School in erster Line gelernt – jeden Vormittag und zusätzlich zwei Stunden am Abend. Und wer abends im Bett den Mund nicht halten konnte oder anderweitig übel auffiel, der musste „six of the best" Schläge auf die Finger erdulden. Gleichwohl bemühten sich die 28 Lehrer um den Gründungsdirektor John Smitherman, einen Colonel im Ruhestand, darum, den Kindern fern von Heimat und Eltern ihre Jugendzeit nach Kräften zu versüßen. Dazu gehörten nicht nur die drei Mahlzeiten, die man gemeinsam einnahm und um die mancher Wilhelmshavener Junge die Internatsschüler gerade in den Anfangsjahren sicher beneidete. Als Belohnung für die Fleißigen warteten zudem Tee und Kuchen am Ende der Stunden und der heiße Gute-Nacht-Kakao mit süßen Brötchen durfte auch nicht fehlen.

Vor allem aber machten die Lehrer zahlreiche Angebote, mit denen jeder Schüler in der Freizeit seine persönlichen sportlichen, sozialen oder künstlerischen Talente entwickeln konnte. Wer gern reiten lernen wollte, der wurde Mitglied im „Thriving Saddle Club". Andere tauschten ihre Briefmarken, gingen segeln, bauten an der Modelleisenbahn, engagierten sich beim Jungen Ro-

ten Kreuz, bei den „Girl Guides" oder den „Boy Scouts".
Es gab einen Schulchor und Ballettstunden, ein Orchester und eine Theatergruppe. Einmal in der Woche wurde die große Churchill Hall zum Schulkino umfunktioniert. Die Schulmagazine aus jenen Jahren erschienen als so wertvoll, dass heute alle 38 Ausgaben im Imperial War Museum in London verwahrt werden.

Als Kinder von Militär-Angehörigen hatten die Prince-Rupert-Schüler fraglos ein besonders positives Verhältnis zu den britischen Streitkräften. Stolz reihten sich deshalb viele bei den „Sea Cadets" ein. Auf einem ausgemusterten Kutter, der im Yachtclub am Bontekai vertäut war, übten sie Tauziehen und nautische Manöver.

Selbst wenn manche nur für ein Schuljahr in Wilhelmshaven blieben: Sobald der Dampfzug mit der liebevoll „Puffing Billy" genannten schweren Lok nach dem rauschenden Abschlussball schnaufend am Rande des Schulgeländes stand, um die Schüler zu ihren weit verstreuten Eltern zu bringen, flossen regelmäßig Tränen. Wenn der Zug anfuhr, sang man „So long it's been good to know you" und meinte damit irgendwie auch Wilhelmshaven – das zeigen die rührenden Besuche der ehemaligen Schüler.

1972 schloss die Schule ihre Pforten und zog ins zentraler gelegene Rinteln. Dort lernen britische Kinder noch heute. Die alten Schulgebäude am Banter See wurden dagegen im letzten Jahr endgültig abgerissen.

Auf Arngast sind die Lichter aus

Die Liebelei am Strand von Dangast hatte sich unerwartet hingezogen. „Die Frau kam einfach nicht zur Sache", sagt Karl Jost mit leisem Vorwurf in der Stimme. Und so kam es, dass der junge Leuchtturmwärter von Arngast viel zu spät Hemd und Hose in das mitgebrachte Köfferchen stopfte, die Schuhe auszog und raus ins Watt stapfte. Sieben Kilometer musste der 23-Jährige nach dem Rendezvous zu seinem Arbeitsplatz mitten im Jadebusen stapfen. Sein Weg führte über Sandrippen, durch tief verschlickte Priele und zuletzt über den Steindamm bis zum Leuchtturm. Doch selbst der Damm lag inzwischen tief unter der hereinströmenden Flut. Die Gezeiten richten sich eben nicht nach der Liebe, sondern nach dem Mondzyklus. Die Strömung drückte dem jungen Mann die Wellen mit Macht gegen die starke Brust. Sein Köfferchen balancierte er über dem Kopf. Fast hätte ihn die See fortgespült. Am Ende fehlten vielleicht 50 Meter bis zum Turm. Trotzdem – der Leuchtturmwärter musste umkehren und das Licht auf Arngast blieb aus in jener Nacht. So weit die Geschichte.

Will man Karl Jost wegen jener Nacht vor 50 Jahren befragen, ist es gar nicht so einfach, ihn zu finden. In der *Korvette* oder den anderen Matrosenkneipen seiner Heimatstadt Wilhelmshaven kursieren jede Menge Geschichten über ihn. Die klingen derart nach Seemannsgarn, dass ihn alle nur unter seinem Kosenamen kennen: Liebesauge. Der aber steht natürlich nicht im Telefonbuch. Erst ein Blick in die staubigen Personalakten beim Wasser- und Schifffahrtsamt führt schließlich auf seine Spur. Karl Jost wohnt in einem weiß getünchten Haus mit blau ummalten Türen und Fenstern am Rand der Stadt. Rosensträucher blühen im Vorgarten. Wer etwas von ihm will, der muss schon über den großen, uneben asphaltierten Hof gehen. Hinter der Küchentür mit einem bunten Plastikvorhang trällert ein Radio. Daneben residiert auf einer erhöhten Terrasse in der Morgensonne Karl Jost hinter einer leeren Kaffeetasse.

Liebesauge hat die 70 überschritten. Sein Gesicht ist vom Wetter gefurcht, die Knie sind verschlissen. Die roten Haare wehen etwas unwirsch im Wind. Die schwere Goldkette hängt halb aus dem V-Ausschnitt des ausgeleierten Strickpullovers, den Jost über die sonnenverbrannte Haut gezogen hat. Doch in den Augen lauert der Schalk. Vielleicht ist er froh, dass ihm endlich jemand auf die Schliche gekommen ist.

„Ich habe acht Kinder, von acht Frauen", erklärt Karl Jost gleich zur Begrüßung seinen Kosenamen. Er glaubt an ein langes Leben. Erst mit weit über 100 werde er von dieser Erde gehen und dann auch nur, weil irgendein 20-Jähriger ihn erschlagen werde – natürlich aus Eifersucht! Dabei habe er nur zweimal geheiratet, sagt Karl Jost und ruft seine zweite Frau Rada, „meine späte Liebe". Sie solle frischen Kaffee bringen und alte Fotos. Als Rada nicht gleich fündig wird, wird Liebesauge munter: „Die hast du weggeworfen, weil die anderen Frauen darauf waren", zetert er. „Du und deine Frauen", ruft Rada und kommt mit einem Packen Bilder zurück, damals vom Leuchtturm.

Einen Leuchtturmwärter stellt man sich eigentlich anders vor. Irgendwie Typ gestandener Seebär, die Mütze tief ins knorrige Gesicht mit dem fusseligen Rauschebart gezogen. Aus der Tabakpfeife zwischen den schrundigen Lippen raucht es, während der Erleuchtende hoch oben an der Brüstung seines Turms lehnt und den vorbeifahrenden Schiffen nachsieht. Die Fotos dagegen zeigen Karl Jost als gut gebauten, ja muskulösen Jüngling mit neckisch gelocktem Rotschopf, braun gebrannt und attraktiv. Ein Frauenschwarm in den besten Jahren.

In einer Nacht im Frühjahr 1958 blieb das Licht auf Arngast aus. Der junge Leuchtturmwärter hatte es nicht rechtzeitig vom Strand zurück geschafft.

Die 1600-Watt-Laterne weist Küstenschiffern bis heute den Weg durch die Priele im Jade-Busen.

Mit diesem Bild im Kopf fängt er an zu erzählen. Das Fahrwasser im Jadebusen sei vertrackt, sagt er. Wo heute die Nordsee in Form einer reifen Erdbeere weit hinein ins Land schwappt, war bis ins Mittelalter festes Land. Doch die Sturmfluten fraßen sich immer tiefer hinein. Eine besonders schwere versenkte das Dorf Arngast mit Mann und Maus anno 1332. Nur die Kirchturmspitze ragte bei Ebbe noch drei Jahrhunderte aus dem Schlick. Gäbe es den Leuchtturm nicht, würde wohl mancher unachtsame Schiffer auf der Untiefe von Arngast auf Grund laufen. Deshalb sei es wichtig, dass die 1600-Watt Lampe in 36 Metern Höhe jeden Abend angehe.

Ein Zufall brachte ihn auf den Leuchtturm. Als der Maschinist krank wurde, kam Karl Jost zum Einsatz. Dem Jost, einem gelernten Klempner und Installateur, traute man zu, den Leuchtturm zu bedienen. Ein Hubschrauber setzte den jungen Mann im bitterkalten Winter 1958 am Leuchtturm aus. Die Nordsee war vereist und der Turm per Schiff unerreichbar. „Ich wär' doch nie freiwillig da in die Einöde gegangen." Über Menschen, die Leuchttürme romantisch finden, kann Jost nur schmunzeln. Er brauchte das Geld.

Zwei alte Dieselgeneratoren mit jeweils 12 PS sorgten für die nötige Energie, „widerspenstige Dinger, an die sich nicht jeder ranwagte". Auch nicht der „stieselige Beamte" und der alte Matrose, die mit Karl Jost auf engstem Raum gemeinsam Turmwache schoben. Die kochten lieber wässrige Suppen und maulten. Schnsüchtig beobachtete der Jungspund mit dem Feldstecher Musik und Tanz im fernen Kurhaus von Dangast – dessen Rhabarberkuchen noch heute sommers Hunderte Gäste täglich anlockt – und als das Wetter besser wurde, machte er sich bei Ebbe auf den Weg. Zwischen ab- und auflaufendem Wasser blieben ihm zwei Stunden an Land. In seinem Köfferchen hatte der Mann vom Watt, was man als Mann von Welt so brauchte.

Ansonsten angelte Jost mit 150 Haken Aale rund um den Turm. Er räucherte sie in einem Holzverschlag und verkaufte sie für gutes Geld im Vareler Hafen. „Musste ja meine Alimente zahlen", sagt er. Auch Schollen habe er gefangen und als Stockfisch getrocknet, dummerweise aber nicht selbst probiert. Seine damalige Frau und Tochter taten es und landeten mit Fischvergiftung im Krankenhaus.

Schlimmer aber wog eben jene Nacht, als der Leuchtturm dunkel blieb. Weil ein Scharnier an den Dieselgeneratoren klemmte und der stieselige Beamte im Turm Angst vor den fliegenden Funken gehabt habe, blieb abends die Laterne aus. Da schaltete sich die Behörde ein. Wenig später ließ sie ein Seekabel samt Fernsteuerung installieren.

Der umtriebige Karl Jost aber wurde „strafversetzt aufs Feuerschiff", wie er sagt. Auf Position *Elbe 1* weit draußen in der Deutschen Bucht konnte er nicht ausbüxen. Mit „sieben Deutschen und fünf Ostfriesen" schob er als Motorenwärter monatsweise Dienst. „Das war langweilig wie geschlossener Strafvollzug."

In den ruhigen Zeiten fing er weiter Fische für seine Frauen, handelte mit unverzollten Zigaretten und jobbte an Land als Installateur. In den 25 Dienstjahren „auf dem Kahn" erlebte er drei schwere Orkane, in denen der Sturm das Schiff von der Kette riss und es gen England trieb. Ein Vorgängerschiff war 1936 bei einem ähnlichen Sturm auf gleicher Position gekentert. Niemand überlebte. „Bei einem dieser Orkane kam ich zweieinhalb Tage nicht aus dem Maschinenraum bis in die Kombüse im Vorschiff vor – so hoch waren die Wellen. Und ich hatte nichts zu essen, nicht mal meinen Räucherfisch", sagt Jost. Klar war er froh, als ihm der Leuchtturm Arngast nach dieser Höllentour endlich heimleuchtete.

Weißwurst out of Rosenheim

Juni 1978: Die Stadt ist in Aufruhr. Mit der erst drei Jahre zuvor in Dienst gestellten, atomgetriebenen „USS Nimitz" soll ein Flugzeugträger völlig neuer Dimension die Jadestadt besuchen – auf dem Flugdeck 332 Meter lang und über 40 Meter breit mit Platz für 85 Flugzeuge. Fast 5700 Amerikaner kommen auf einen Schlag nach Wilhelmshaven!

Die meisten Wilhelmshavener freuen sich auf die Verbündeten. Schon in den frühen Morgenstunden warten viele Hundert Menschen auf Campingstühlen und Angelhockern auf dem Rathausplatz vor der Tourist-Information, im heutigen Amt für Wahlen und Statistik. Sie alle wollen Berechtigungskarten zum Besuch des schwimmenden Flugplatzes. Die Mitarbeiter der Freizeit GmbH haben alle Hände voll zu tun, den Andrang in geordnete Bahnen zu lenken. Immer wenn in den vergangenen Jahrzehnten viele oder besondere Gäste die Stadt besuchten, trat die *Freizeit* auf den Plan. So auch 1994, als der Reise-Mobil-Club Weser-Ems zum Treffen am Geniusstrand einlud. 175 Camper gruppierten sich damals unter dem Voslapper Leuchtturm in 25 Minuten zu einer weltrekordverdächtigen Wagenburg mit einem Gesamtversicherungswert von über 16 Millionen D-Mark.

Noch aufregender war der Einfall von 1114 Bayern, „out of Rosenheim", die 1989 mit einem ganzen Sonderzug an die Küste rollten. Da der Bahnsteig für die 19 Wagen zu kurz war, mussten die Besucher in zwei Etappen aussteigen. Jede Pension zwischen Varel und Schillig war für die Bayern reserviert. 24 Busse waren für die Stadtrundfahrt nötig – und damit die Herrschaften kein Heimweh bekamen, wurden eigens 150 Kilogramm Weißwurst nachgeliefert. So hatten sie ausreichend im

Magen, um bei der Sonderfahrt nach Helgoland an Bord
der *MS Wilhelmshaven* und der *Harle Expres* die Fische
zu füttern. Eine Gelegenheit, von der – wie man hört
– reichlich Gebrauch gemacht wurde. Allerdings gab
es politische Bedenken gegen den Besuch aus Bayern,
denn dem Veranstalter, der „Interessengemeinschaft
der Krieger-, Veteranenvereine und Soldatenkamerad-
schaften im Landkreis Rosenheim e. V." wurden Ver-
bindungen zur vom Verfassungsschutz als rechtsextrem

Alle wollten auf den Flugzeugträger „USS Nimitz": Hunderte Wilhelmshavener warteten auf dem Rathausplatz auf Tickets.

eingestuften „Hilfsgemeinschaft auf Gegenseitigkeit" (HIAG) nachgesagt. In Wilhelmshaven war davon zum Glück nichts zu spüren.

Mehr Wärme erfuhren die 500 Gäste aus aller Welt, die zum 50. Schulgründungstag der Prince-Rupert-School im August 1997 nach Wilhelmshaven kamen. Das Schulinternat hatte von 1947 bis 1972 die Kinder der Offiziere der britischen Rhein-Armee unterrichtet. Wärme allerdings war auch nötig, denn die Ehemaligen hatten Schlicktown reichlich klamm in Erinnerung: „Wir bekamen viele Anfragen, ob man dicke Winterkleidung mitbringen müsse", erinnert sich der Chef der Tourist-Information, Andreas Fischer. Bei herrlichem Spätsommerwetter brachte das fünftägige Treffen alle zum Schwitzen und Andy Sleap aus dem südenglischen Basingstoke schrieb stellvertretend für seine Besuchsgruppe an den Veranstalter: „Wir fühlten uns alle, als ob wir nach Hause gekommen wären."

Begeistert aufgenommen wurden die vielen Künstler, die sich ins abgelegene Wilhelmshaven vorwagten. Ein ganzer Heino-Fanklub belagerte in weißblonden Perücken und mit dunklen Sonnenbrillen die Stadthalle vor dem Gastspiel im März 1979.

„Weißt du, wohin die Träume all entflieh'n", sang eine stadtweit bekannte Vorzimmerdame mit einem Strauß verblühter Alpenveilchen in Händen, als sie ihre Konzertkarten für den Auftritt von Karel Gott 1983 in der „Wilhelmshaven-Information" abholte.

Die „Flippers" wurden bei ihrem Gastspiel 1990 von 1600 begeisterten, überwiegend weiblichen Fans derart mit Küsschen und Blumen überhäuft, dass sie Stadthallenmitarbeiter Jürgen Fromm und Gattin Margarete einen ganzen Arm voller Sträuße mitgaben. Daran fanden sich Botschaften wie: „Ruft mich bitte an" oder „Ich lade Euch ein zu Kaffee und Kuchen".

Den Vogel schoss allerdings Ludwig Franz Hirtreiter ab, der unter seinem Künstlernamen Rex Gildo die Säle mit Hits wie „Speedy Gonzales" oder „Fiesta Mexicana" zum Kochen brachte. 1993 sollte er der PS-Show der Sparkasse etwas Glanz verleihen. In der Pause wagte er sich, ob naiv oder bewusst sei dahingestellt, ins normale Herren-WC im Foyer der Stadthalle. Ein ganzer Schwarm östrogengetriebener Frauen stürmte hinterher …

Mahr macht den Weg frei

Seit mehr als 30 Jahren hat Rüdiger Mahr die Geschichte von Wilhelmshavens heimlichem Wahrzeichen an dessen Steuerstand miterlebt. Gerne greift er als Touri-Schreck zum Mikrofon: „Achtung, Achtung, die Brücke wird geschlossen!" Gerade in den Sommermonaten ist ihm die Aufmerksamkeit seiner Zuhörer gewiss. Seit 1981 ist Mahr als Hafenaufseher tätig und auf der Kaiser-Wil helm-Brücke inzwischen der „Oberbrückenwärter".

„Viele auswärtige Besucher glauben nicht, dass eine so alte Brücke sich noch dreht", erzählt der gebürtige Wilhelmshavener mit verschmitztem Lachen. „Die rennen dann panisch zu den Schranken zurück, als ob wir jemand auf der Brücke zurückließen." Gerne hört er den Familienvätern zu, die voll technischem Sachverstand erläutern, wie die Brückenflügel sich angeblich in die Luft heben. Mit ein paar Knopfdrücken belehrt Mahr die Schlaumeier dann wortlos eines Besseren. Erst wird die Ampelautomatik ausgesetzt, dann fallen die Schranken, die Brückenteile senken sich ab in die Drehlager und 738 Tonnen Stahl fahren lautlos auseinander.

„Als ich 1981 anfing, war das noch eine richtige Kunst", erzählt der Wilhelmshavener. Heute fährt die automatische System-Steuerung die Brücke in bestimmte Fixpositionen. „Aber es muss nur ein Schalter ausfallen, dann wird sie bockig", sagt Mahr. Dann fahren er oder einer der fünf Kollegen das unhandliche Gerät per Handsteuerung in die gewünschte Position.

Früher waren die langen Wochenend-Schichten für den Ehemann und Vater einer Tochter belastend. Heute hat sich das Verkehrsaufkommen im Hafen deutlich verringert. Etwa 1500-mal im Jahr öffnet sich die Kaiser-Wilhelm-Brücke, wenn die alte Dame nicht gerade saniert werden muss. „Als ich anfing, war es noch doppelt so

Die Kaiser-Wilhelm-Brücke hat über ein Jahrhundert Wind und Wetter getrotzt. 2012 erstrahlt sie kernsaniert in neuem Glanz.

oft", bedauert der Oberbrückenwärter. Aber er freut sich darüber, dass er, wenn er Rufbereitschaft hat, nicht mehr so oft ran muss wie früher.

So bleibt Zeit für Graupapagei Eddi. „Hallo Kumpel, wie geht's dir", begrüßt der Vogel seinen Chef nach Dienstende im heimischen Wintergarten. In mühsamen Lektionen hat Mahr dem zahmen Tier nicht nur Teile der menschlichen Sprache vermittelt, sondern auch, wer letztendlich das Sagen hat. „Aber wehe, ich habe noch einen Hammer oder Zollstock in der Hand. Das mag er gar nicht leiden." An Handwerk und Seefahrt zeigt Eddi offensichtlich kein Interesse.

Anders sein Besitzer: Manch eindrucksvollen Pott hat Mahr passieren sehen. Der 223 Meter lange Schüttgutfrachter *Pioneer* ist ihm in Erinnerung geblieben. In den 1990ern brachte er 35 000 Tonnen Splitt und drehte eine Runde im Großen Hafen, als wäre der eine Badewanne. Auch der als „Kitsch-Millionär" firmierende RTL-Star Peter Leicher passierte mit seiner Segeljacht die Brücke und hinterließ eine schillernde Autogrammkarte. Einmal fertigte Mahr einen Frachter ab, der später vor Norwegen sank: „Als ich die Fernsehbilder von der Unglücksstelle sah, hat mich das sehr mitgenommen." Und dann war da noch die Havarie der Fregatte *Emden* Ende der 90er-Jahre, die die Brücke erheblich traf.

Die Wartung der Dreh- und Hubwerke und die Pflege der Außenanlagen gehören ebenfalls zu den Aufgaben der Hafenaufseher. Für Rüdiger Mahr kein Problem: „Ich arbeite an einem der schönsten Plätze Wilhelmshavens." Über Seefunk und Diensthandy ist er jederzeit erreichbar, falls unerwartet ein Schiff auf der Bundeswasserstraße im Hafen unterwegs ist. Am 29. August 2007 klingelte das Handy aber auch ohne Verkehr. Rüdiger Mahr hatte den 100. Geburtstag des heimlichen Wilhelmshavener Wahrzeichens als Termin einprogrammiert, damit ihn ja niemand vergaß.

Babys im Schneegestöber

Es ist natürlich eine Frage persönlicher Einstellung, wo Unannehmlichkeiten aufhören und wo eine Katastrophe beginnt. Zweifellos aber mussten die Wilhelmshavener sich im Winter 1978/1979 warm anziehen und das Wort „Schneekatastrophe" war in aller Munde. Alles kam ganz unerwartet: Während noch über die Weihnachtstage scheußliches Tauwetter mit Schneematsch und Regen den Traum von weißen Weihnachten vereitelt hatte, prallte zum Jahresende ein sehr kaltes Hochdruckgebiet mit Temperaturen um minus 30 Grad Celsius aus Skandinavien in Norddeutschland auf ein feuchtes warmes Tiefdruckgebiet mit 90 Prozent Luftfeuchtigkeit aus dem Rheinland. Binnen Stunden rauschten die Temperaturen am 28. Dezember um 20 Grad in den Keller. An der scharfen Luftmassengrenze setzte heftiger Schneefall ein, der sich zum ausgewachsenen Orkan mit Windstärken um 10 steigerte. Er sollte Norddeutschland fünf Tage im Griff behalten.

Als sei dies der Beginn einer neuen Eiszeit, versank Wilhelmshaven bei minus 17 Grad unter einer meterhohen geschlossenen Schneedecke. Der Blizzard hatte sich am Samstag, 30. Dezember, über der Jadestadt zusammengebraut und hielt über den Jahreswechsel unvermindert an. Der Bahnübergang Metzer Weg war wegen der massiven Schneeverwehungen bald unpassierbar und musste tagelang geschlossen werden. Die Bahnstrecke nach Oldenburg jedoch blieb frei, auch wenn am Sonntag ein Zug mit kaputter Bremsleitung vor Mariensiel liegen blieb und sich eine Lok auf der Nebenstrecke Wiefels – Harle in einer zwei Meter hohen Schneewehe festfuhr. In 18-Stunden-Schichten mühten sich die Männer vom Räumdienst der Stadt, zumindest die Hauptverkehrsstraßen und die Zufahrten nach Wilhelmshaven frei zu halten. Die Küche des Reinhard-Nieter-Krankenhauses versorgte sie mit Kaffee und warmen Suppen. Der Einsatz war so kostspielig, dass Stadtbaurat Heinz Prottengeier schon am 3. Januar erklärte, der Jahres-Etat für den Winterdienst sei ausgeschöpft.

Da ahnte niemand, was der Stadt noch bevorstand. Im Gegenteil: Die Wilhelmshavener ließen ihre Autos stehen und wanderten zu Hunderten ins Stadttheater. Dort feierten sie beschwingt den Jahreswechsel mit der Premiere der Broadway-Komödie „Baby Hamilton" von Anita Hart und Maurice Braddell. „Lieber verzichteten die Leute auf Abendgarderobe und kamen in dickem Pullover und Winterstiefeln, anstatt zu Hause zu bleiben", erinnert sich Theaterkritikerin Barbara Schwarz. Und sie fand: „Alles in allem wurde das Baby nach bewährter Landesbühnenart ganz gut geschaukelt".

Weniger erfreulich endete die Silvesternacht dagegen für zwei junge Mädchen aus Accum. Sie hatten in Wilhelmshaven gefeiert und waren zu Fuß auf dem Weg nach Hause. Gegen 2.30 Uhr buddelten Mitarbeiter der Johanniter Unfallhilfe sie auf der Langewerther Landstraße aus einer Schneewehe, aus der sie nicht alleine hatten entkommen können. Weil an ein Durchkommen nach Accum auch mit Fahrzeugen nicht zu denken war, mussten die 17-Jährigen für den Rest der Neujahrsnacht im Wachraum der Johanniter ausharren.

Von dem Extremwetter waren die umliegenden Dörfer im Landkreis Friesland insgesamt weit stärker betroffen als die Stadt. 300 Helfer der Feuerwehren und Rettungsdienste, vom Technischen Hilfswerk und der Bundeswehr schickte Oberkreisdirektor Dr. Eckhard Bode in den Einsatz. Doch selbst 30 Schneepflüge konnten die Hauptstraßen nicht dauerhaft freihalten. Einige Helfer brachen nach über 40 Stunden im Dauereinsatz entkräftet zusammen. Zwei Kinder wurden in diesen Tagen im Sanitätsfahrzeug geboren, weil es die Ambulanzen bei den chaotischen Verhältnissen mit den werdenden Müttern nicht rechtzeitig ins Krankenhaus schafften. Für eine ältere Frau kam jede Hilfe zu spät. Sie hatte Silvester zu viel Alkoholisches getrunken und dabei vergessen, ihre Wohnung zu heizen. Die Unglückliche erfror, bevor die Sanitäter sie erreichten.

Zum Engel in der Not wurde ein 26-jähriger Kaufmann aus Heidmühle, der einen Pkw unter einer Schneewehe entdeckte. Der Fahrer saß apathisch am Steuer und rührte sich nicht mehr. Beherzt holte der junge Mann den Eingeschneiten aus seinem Wagen, dessen Motor längst nicht mehr lief, und brachte ihn ins Krankenhaus nach Sanderbusch. Auf dem Rückweg zog er noch einen weiteren Wagen aus einer Schneewehe, fuhr aber dabei selbst fest. Auf Gegenhilfe hoffte der Retter allerdings vergeblich: Der Befreite brauste – ohne sich umzudrehen – davon.

Nachdem die Fährschiffe wegen des Orkans ihren Dienst zu den Inseln Langeoog, Spiekeroog und Wangerooge am Samstag eingestellt hatten, brachten – trotz vereister Landebahnen – ab Sonntag erste Rettungsflüge von Mariensiel 50 Passagiere aufs Festland. Über 1100 Menschen wurden in den Folgetagen ausgeflogen. Am Dienstag kämpfte sich Kapitän Karl Rönna mit dem Bundesbahn-Schiff *Wangerooge* durch das Packeis nach Wangerooge. Der Fährhafen in Harlesiel war nicht zugänglich. So wurde der Bontekai zum provisorischen Umschlagsort für Container mit Versorgungsgütern, für Post und Passagiere.

Richtig hart aber traf es Wilhelmshaven erst, als man das Schlimmste längst hinter sich wähnte. Die Schneeberge an den Straßenrändern waren noch nicht getaut, als es Mitte Februar erneut heftig zu schneien begann. Am 13. Februar, einem Dienstag, braute sich über der Nordsee

Die vergnüglichen Seiten des Winters. Auf Skiern waren Kinder im Februar 1979 in der verschneiten Parkstraße unterwegs. Da die Schule tagelang ausfiel, blieb dafür genügend Zeit.

ein Orkan zusammen und trieb schwere Schneeböen in die Stadt. Am folgenden Morgen war Wilhelmshaven von der Außenwelt abgeschnitten. Nachdem Reisende in einem Zug aus Osnabrück am Morgen bei Ellenserdamm im Schnee gestrandet waren, stellte die Bahn ihren Fahrbetrieb ein. Sechs Stunden warteten sie in eisiger Kälte auf Rettung. Die Heizung im Zug war geborsten. Die Bahn half nur noch in Notfällen aus: Schwere Loks brachten in den Folgetagen Dialysepatienten aus Wilhelmshaven ins Nordwest-Krankenhaus nach Sanderbusch zur lebensrettenden Blutwäsche.

Für Privatwagen wurde am Mittwochvormittag ein totales Fahrverbot erlassen. Vor allem auf der dem Sturm ausgesetzten Freiligrathstraße zwischen dem Stadtzentrum und dem Stadtnorden hatten in der Nacht zuvor hektische Autofahrer die Schneepflüge in wüsten Manövern überholt und waren dabei reihenweise in Schneewehen stecken geblieben. F'groden und Voslapp waren danach vom Rest der Stadt aus nicht mehr erreichbar. Zudem saßen die Bewohner im Stadtnorden am Vormittag stundenlang im Dunkeln, weil die Schneelasten die oberirdischen Stromleitungen unterbrochen hatten.

Die Lage spitzte sich stündlich weiter zu. Um 15.30 Uhr trat der Katastrophenstab unter Leitung von Stadtdirektor Dr. Hans-Jürgen Meyer-Abich zum dritten Mal an diesem Tag zusammen und löste Katastrophenalarm aus. Freiwillige des Technischen Hilfswerks befreiten mit schwerem Gerät 188 eingeschlossene Schichtarbeiter aus den Olympia-Werken in Roffhausen und brachten sie zurück nach Wilhelmshaven. Die Werksleitung verkündete Kurzarbeit für die ganze Woche. Auch bei Krupp Kranbau fiel die Arbeit aus, während an der Nordwest-Ölleitung und in der Raffinerie die technischen Mitarbeiter in den Werksräumen übernachteten. Die Küchenfrauen auf dem Marinestützpunkt bauten sich provisorische Betten auf, damit die Jungs morgens nicht etwa ohne heißen Kaffee zum Schneeschieben raus mussten.

Schon am Donnerstag zeigte die dramatische Lage, wie abhängig die moderne Gesellschaft von Logistik und Handel ist. Die Hefe in der Stadt wurde knapp – in den Bäckereien gab es kaum noch frisches Brot. Milch, Butter und Joghurt waren Mangelware, denn die Milchfahrzeuge der Molkerei kamen nicht zu den umliegenden Höfen durch. In allen Geschäften setzten Hamsterkäufe ein, ein Ende der Versorgungskrise war nicht in Sicht. Einige Händler verlangten Wucherpreise. Als der niedersächsische Innenminister am Nachmittag mit einem Tross Journalisten per Hubschrauber aus Hannover in die eingeschlossene Stadt einschwebte, um sich über die Lage vor Ort zu informieren, schwoll dem jungen Lokalreporter Hans-Jürgen Schmid der Kamm: „Er erhielt Infos binnen weniger Minuten, trank eine Tasse Tee und entschwand mit einem Blick auf die Uhr", beklagte Schmid tags drauf in der Zeitung. Lieber hätte der Minister ein paar Kartons Hefe schicken sollen.

Die Versorgungsprobleme blieben und lebenswichtige Versorgungsgüter wurden tagelang mit Panzern in die Stadt gebracht, bis endlich die Zufahrtstelle auf die Bundesstraße 69 in Blauhand gegen Ende der Woche wieder passierbar war. Am Freitag, 16. Februar 1979, um 14:43 Uhr, fuhr Hans Vock mit dem ersten Zug aus Oldenburg in den alten Wilhelmshavener Bahnhof ein. Seine 1800-PS-Lok brachte in drei Eilzugwagen neben Passagieren und Post unter anderem ein schwarzweiß gescheckets Kaninchen und einige Zierfische in die bis dahin von der Welt abgeschnittene Stadt. Und Schnittblumen aus Israel kündeten vom Frühling, der in diesem Jahr besonders begeistert begrüßt wurde.

Zu Gast bei Albert Schweitzer

„Ich bin Leben, das leben will, inmitten von Leben, das leben will", begründete der Moraltheologe Albert Schweitzer seine „Ethik der Ehrfurcht vor dem Leben". Der Arzt, Musiker und Theologe, 1875 im elsässischen Kayserberg geboren, ließ es bei der Theorie nicht bewenden. Mit 38 Jahren zog er 1913 in den afrikanischen Busch. Sein Krankenhaus in Lambaréné wurde Anlaufpunkt der einheimischen Bevölkerung. Der Wilhelmshavener Folkert Rieger hat Schweitzer am 25. Juli 1961 besucht und erhielt von ihm ein Autogramm. Das Datum schrieb der Friedensnobelpreisträger in beneidenswert sauberer Handschrift darunter. Rieger hat es bis heute in einem Rahmen an der Wand hängen. Selbst einen Film gibt es von dieser denkwürdigen Expedition in den Busch. Ohne Ton schnurren die Super-8-Bilder mit verblichenen Farben über den Bildschirm. Das Krankenhaus selbst ist darauf nicht zu sehen. Schweitzer verbat sich Aufnahmen. Schon damals waren Bildrechte kostbar und zur Finanzierung vonnöten, vermutet Rieger.

Schon als „Moses" hatte es den 1935 geborenen Rieger in die Welt hinausgezogen. Auf einem Bananendampfer pendelte er zwischen Ecuador und Hamburg. Gleich bei der ersten Runde hätte er beinahe das Zeitliche gesegnet. Beim Ausfegen der Laderäume machte er Bekanntschaft mit einer höchst giftigen Bananenschlange, die als blinder Passagier mitgereist war. Das Tier reagierte angesichts der Kühlung an Bord zum Glück ziemlich cool. Sie ließ sich bereitwillig in eine Flasche verfrachten und in Spiritus einlegen. Noch heute bereichert die Flasche mit der Schlange den Biologie-Fundus im Gymnasium am Mühlenweg.

Rieger wechselte später zur Reederei Hugo Stinnes und fuhr in wechselnden Positionen auf verschiedenen

Schiffen Stückgut nach Afrika und Holz zurück. Mit der *Nora* lag er im Juni 1961 für einige Tage auch in Libreville an der Küste Gabuns. Mit einer Funkerin, einem Besatzungskollegen und einem Studenten nutzte er die Zeit zur Fahrt ins gut zehn Stunden entfernte Lambaréné. „Eine Karte hatten wir nicht, aber wir wussten die Himmelsrichtung, und die Sonne schien", erinnert er sich. Albert Schweitzer war allemal einen Besuch wert, denn schließlich war der Arzt schon zu seinen Lebzeiten eine Legende – das Vorbild einer ganzen Generation. Staubwolken blähen sich auf den Filmaufnahmen in den Himmel. Mehrmals rumpelte der gemietete Pickup auf zwielichtige Fähren, um über den Ogobe überzusetzen, wenn der Weg an einem Ufer wieder mal zu Ende war.

Nach einem langen Tag kam dann das Krankenhaus in Sicht. Albert Schweitzer nahm die Überraschungsgäste – wie seine Kranken – mit offenen Armen auf. In Gästezimmern konnten sie wohnen. „Ich saß ihm beim Essen am Tisch gegenüber. Er erzählte viel von seinen Projekten. Das hat mich damals sehr beeindruckt." Vor allem arbeitete der Arzt nicht nur mit Herz, sondern auch mit Hand: „Er hatte alles auch sehr praktisch eingerichtet", erinnert Rieger, „für die Dusche zog man einen Eimer Wasser zwei Meter in die Höhe, seifte sich ein und zog dann an einer Schnur, die den Eimer umkippte."

Bis 1965 war Rieger noch auf großer Fahrt. Danach wurde er Brückenkapitän, später Hafenbetriebsleiter bei der neuen Nordwest-Ölleitung GmbH in Wilhelmshaven. Im selben Jahr, am 4. September 1965, starb Albert Schweitzer mit 90 Jahren. Er war in Afrika geblieben.

Auf Ringelsöckchen zum Boogie-King

Das hätten sich die werten Herren aus dem Schützen-
verein von 1861 nicht träumen lassen: Als der Frühling
im Jahr 1953 seine zarten Fühler in die Jadestadt aus-
streckte, wurde ihr einstiges Vereinsheim, noch kaum
ein Jahrzehnt zuvor von der Wehrmacht als Lager miss-
braucht, zum Austragungsort eines denkwürdigen Wett-
bewerbs ausgelassener Lebensfreude. Der Lokalreporter der WZ trug es mit einer Mischung aus Ironie und
gefasster Schicksalsergebenheit. Er schrieb tags drauf:
„Wilhelmshaven darf aufatmen. Seit gestern Abend um
21.51 Uhr ist eine ungeheure Spannung gewichen, die
über unserer Stadt lag. Denn seit diesem Zeitpunkt steht
fest, wer Boogie-Woogie-Meister von Schlicktown ist."
Boogie-Woogie, das war der Sound jener Zeit, herüber-
geweht über den Atlantik aus dem Land der scheinbar
unbegrenzten Möglichkeiten. Das war eine Weiterent-
wicklung der Swingmusik aus den Schwarzen-Ghet-
tos, nach dem Untergang des selbst ernannten Dritten
Reiches bei vielen biederen Deutschen, die endlich wieder ein geordnetes Leben anstrebten, noch ziemlich ver-
pönt, aber eben nicht verboten. Und während in anderen
Lokalen in Wilhelmshaven der wieder gegründete Stahl-
helm aufspielte, tanzten sich an diesem Abend im März
die aufmüpfigen jungen Wilhelmshavener im Schützenhof in einem Affentempo beinahe in Trance. Aber bitte-
schön immer hübsch aus der Hüfte und so schnell, dass
alle Alltagssorgen verflogen. Ein Rausch an Bewegung
war das, die Verheißung einer neuen, erfrischend anders
tickenden Zeit.
Im Saal hatten die Organisatoren des lustigen Wett-
streits das Boxpodium ohne Seile aufgebaut. Am Ring
saß der Band-Master Bobby mit zwei goldenen Streifen
an den Ärmeln und erinnerte den noch alte Verhältnisse

1953 im Schützenhof: Der Boogie-Woogie hielt Einzug auf Ringelsocken. Wohl der Tanzpartnerin, die einen starken Magen hatte.

gewöhnten Reporter an einen Oberleutnant zur See. Die neunköpfige Mannschaft dieses Amüsier-Kapitäns trug jeweils nur einen Streifen, aber zusammen brachten sie den Unterhaltungsdampfer in Windeseile auf Kurs. Sie bliesen einige Boogies und den Trumpet-Blues, mit dem Harry James, der Entdecker Frank Sinatras, in den 20er-Jahren die Tanzschuppen der US-Ostküste aufgemischt hatte. „Das Publikum rauchte, trank Kola und Kulmbacher, kaute Gummi und pfiff auf Fingern, Schlüsseln und Trillerpfeifen", vermerkte der Berichterstatter. Übrigens, Bill Haley sollte erst im Jahr darauf zu „Rock around the clock" aufrufen.

Um 20.40 Uhr erreichte das unerhörte Treiben im Schützenhof seinen Höhepunkt, als das erste Boogie-Pärchen aufs Podium kletterte. Wer hatte die längeren Haare – sie oder er? Er – so eine Unbotmäßigkeit. Und dann die Klamotten! „Waikiki-Hemden" und bunte Ringelsocken, Halbstockhosen und Existenzialistenschlipse, an denen man sich selbst aus der imaginären Marmelade emporziehen konnte, bevölkerten den Saal.

Nichts blieb von der heimeligen Beschaulichkeit, wie sie Heimatfilme jener Jahre suggerierten. „Die Kiefer der Tänzer zerfetzten Kaugummi", vermerkte der Journalist mit einer gewissen Bewunderung für die Dreisten. Die Bemerkung, zehn Jahre zuvor wären sie dafür im Lager gelandet, ersparte er sich. Denn nun ging's los: „Parterre-Akrobaten sind taubstumme Waisenknaben dagegen." Der Moderator gab für Boogie-Laien eine kurze Anweisung. Man solle sich eine glühende Stecknadel in den sagen wir mal Rücken pieken, dann ginge alles Übrige von alleine.

Nun, die Paare waren nicht nur angepiekt. Sie waren teilweise vom wilden Affen gebissen. Beine oben, Kopf unten und wilde Ekstasen – eine Mordsgaudi. Fünf Wilhelmshavener Paare und Gäste aus Oldenburg, Osnabrück, Hamburg, ja Berlin eroberten nach und nach die Tanzfläche. Und wer kam am besten an? In der technikgläubigen Zeit gab es dafür ein elektromagnetisches Messgerät. Es sollte die Stärke des Beifalls messen. Aber als Richard und Helga wie rasend beklatscht wurden, da zeigte der Messer nur magere 69 Punkte! Liese und Rudi dagegen bekamen 75. Das ging nicht mit rechten Dingen zu!

Nun begann ein wahrer Orkan: „Schiebung" schrien die Massen und ließen die Schlipse schwingen. Der Boogie-Meister von Osnabrück, der Richard, zeigte sich als Gönner im wahrsten Sinne des Wortes. Geistesgegenwärtig sprang er zum Mikrofon und erklärte, er verzichte auf den Meistertitel. So wurden Rudi und Liese 1953 Boogie-King und Boogie-Queen. Richard war mit dem zweiten Platz zufrieden. Seine Helga schmollte und wurde für den Rest des Abends nicht mehr gesehen. Der Schützenhof aber diente der Landesbühne noch einige Jahre als Notquartier und sah manches fröhliche Fest, bis 1971 ein Supermarkt in den Saal einzog.